早稲田アカデミー 中学受験を決めたその日から

サクセス12

今月号の表紙

写真●teresa

サクセスホームページ
http://success.waseda-ac.net/

CONTENTS

02 **渋谷再開発物語**
～街を変え、人をつなぎ、未来を拓くプロジェクト～

06 Premium school
お茶の水女子大学附属中学校
自主自律の精神と広い視野を育成する

12 アクティ&おかぽんが
「三菱みなとみらい技術館」に行ってきました！

14 聞いてビックリ知って納得
都道府県アンテナショップ探訪 **滋賀県**

16 お仕事見聞録
富士重工業株式会社 販売促進担当者
田崎 正名さん

20 6年後、夢をかなえる中学校「夢中」
東京成徳大学中学校

22 Close up!!
湘南白百合学園中学校

30 公立中高一貫校リポートvol.20
神奈川県立平塚中等教育学校

38 GO!GO!志望校 第13回
横浜雙葉中学校「オープンキャンパス」

40 全員集合 部活に注目！
田園調布学園中等部「ミュージカル研究部」

42 私学の図書館～ただいま貸し出し中～

68 大人も子どもも本からマナブ

74 森上展安の中学受験WATCHING

80 NEWS2013「参議院議員選挙」

84 熟語パズル・問題

90 親子でやってみよう！ 科学マジック

94 学ナビ！ 女子聖学院中学校

95 学ナビ！ 森村学園中等部

100 疑問がスッキリ！ 教えて中学受験

106 熟語パズル・解答

ココロとカラダの特集

50 **子どもの感性を育てるにはどうすればいいか**

54 小学生でもめずらしくない円形脱毛症

56 子どもの本の世界
ふくだ すぐる［絵本作家］

58 インタビュー
NHK「えいごであそぼ」レギュラー、ミュージ
エリック

62 保健室より 親と子の悩み相談コーナー

64 レッツ何でもトライ
⑩ お金の大切さを学ぼう！

110 私立中学校の入試問題に挑戦

112 中学受験用語辞典

117 中学受験インフォメーション

118 中学校イベントスケジュール

121 忙しいママ必見！クラスのアイドル弁当

122 **花マル小学生**

124 **福田貴一先生の福が来るアドバイス**

126 早稲アカOB私学特派員レポート
順天中学校

128 海外生・帰国生に関する教育情報

130 サクセス研究所

134 ぱぱまま掲示板

135 クイズ・プレゼントコーナー

東京急行電鉄株式会社

渋谷再開発物語

～街を変え、人をつなぎ、未来を拓くプロジェクト～

ハチ公

東急文化会館(2003年閉館)

東急東横線旧駅舎

スクランブル交差点

「選ばれる沿線」であり続けるために

東京急行電鉄株式会社

東京急行電鉄（以下　東急電鉄）は、1918年に田園調布・洗足などの街づくりのために設立された『田園都市株式会社』の鉄道部門が独立してできた『目黒蒲田電鉄株式会社』が前身となります。

『田園都市株式会社』の創立者である渋沢栄一氏は、関東大震災のあと、震災に強い安全な田園都市をつくりたいと、イギリスの街「レッチワース」を見本に都市開発に取り組みました。その結果、誕生したのが田園調布・洗足です。その後、東急電鉄は、鉄道事業の拡充を図りながら、鉄道の駅を核とした街づくりを続けてきました。つまり鉄道だけでなく、不動産開発のDNAを持っており、良い生活環境を提供できるよう、〝駅〟という名の苗を植え、そこに住む方々に育てていただくよう注力してきたのです。

少子高齢化が加速するこれからの時代においても〝選ばれる沿線〟であり続けるためには、すでに沿線に住まれている方々に対して、どれだけ新たな価値を提供できるかが重要なポイントになります。

1957年当時の目蒲線

「渋谷つながる」プロジェクトの全貌

2013年3月16日、東急東横線の渋谷～代官山間の約1.4km区間を地下化し、渋谷駅で東京メトロ副都心線との相互直通運転を開始しました。これにより、東武東上線・西武池袋線から東京メトロ有楽町線・副都心線を経て、東急東横線と横浜高速鉄道みなとみらい線までがひとつの路線として結ばれ、東横線は首都圏の広域的な鉄道ネットワークの一翼を担うことになりました。

さらなる都市交通の利便性向上と円滑化が期待されています。

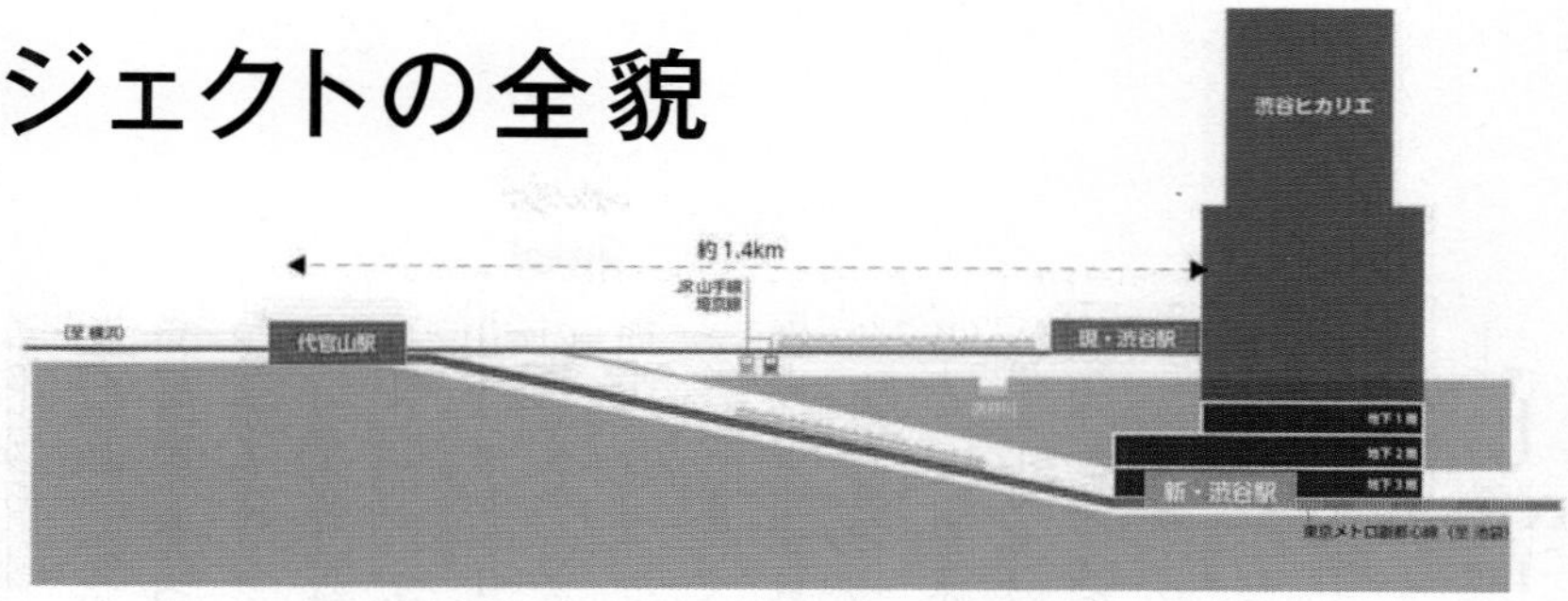

位　　置	起点・渋谷駅付近～終点・代官山駅付近
延　　長	約1.4km
概　　要	地下式（一部地表式）
効　　果	①東急東横線各駅から新宿三丁目駅や池袋駅まで乗り換えなし 例1：横浜駅 ⇔ 新宿三丁目駅 32分、420円（大人片道） 例2：武蔵小杉駅 ⇔ 池袋駅 25分、380円（大人片道） ②東京メトロ半蔵門線・副都心線への乗り換えがスムーズに ③10両編成化で座席数が25%UP
切替工事にかかわった人数	東京急行電鉄社員と協力会社　約1200人（切替工事当日）

工事の様子

東急東横線（地上）最終日の様子

渋谷駅周辺開発未来年表

今（2013年）、小学校6年生だったら…

- 2012年4月 11歳（小学校5年生）
  「渋谷ヒカリエ」開業
- 2017年度 16歳（高校1年生）
  「渋谷駅南街区プロジェクト」
  地上33階・地下5階　開業
- 2018年度 17歳（高校2年生）
  「道玄坂街区開発計画」
  地上17階・地下5階　開業
- 2020年 19歳（大学1年生）
  「駅街区開発計画」
  東棟（地上46階・地下7階）開業
- 2027年 26歳
  「駅街区開発計画」
  中央棟（地上10階・地下2階）開業
  西棟（地上13階・地下5階）開業

渋谷駅周辺開発完成イメージ

計画建物完成予想図

2017年

渋谷川

246号線から明治通り沿いの約600mの区間、渋谷川は緑の遊歩道を整備した川に生まれ変わります。渋谷駅近くから、下水を浄化した水を下流に向けて流すことで渋谷川に水流を取り戻すほか、「にぎわいの広場」を2カ所設置。緑と水の潤いを感じる空間が誕生します。

2020年

渋谷駅南街区プロジェクト

東横線渋谷駅のホームおよび線路跡地に建てられる高層棟は、白いパネルをランダムに配置したデザインがシンボルに。また、渋谷駅から渋谷川方面へ国道246号を横断する歩行者専用デッキとして、旧東横線高架橋が再利用され、かまぼこ屋根や目玉型壁面のデザインなど、地上に東横線渋谷駅があった当時の面影が復活します。

東口アーバン・コア周辺の将来イメージ

東急東横線・東京メトロ副都心線とJR線の乗換がスムーズにできるよう、地下フロアにバリアフリーの動線を確保。地下と地上を結ぶエレベーターやエスカレータを充実させることにより、利便性を高めます。

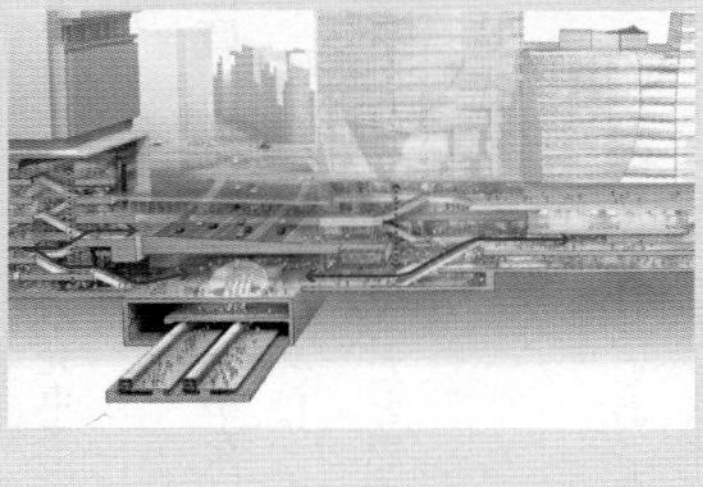

より魅力ある渋谷にするために
東京急行電鉄ができること、すべきこと

―東急東横線の渋谷駅地下化の目的について教えてください。

一番の目的は、東急東横線と東京メトロ副都心線の相互直通運転を行うためです。これは、横浜方面から渋谷を経て、埼玉西南部までを通る5社の路線（横浜高速鉄道みなとみらい線、東急東横線、東京メトロ副都心線・有楽町線、東武東上線、西武池袋線）を1本でつなげるプロジェクト『渋谷つながるプロジェクト』として行ったもので、東京急行電鉄（以下 東急電鉄）では、2002年から取り組んできました。代官山地下化切替工事は、2013年3月15日の終電後から3月16日の始発までの約3時間半で行ったこともあり、マスコミ各社に大きく取り上げていただきました。また、代官山地下化切替工事とは別に、東横線の特急・通勤特急・急行を10両編成で運行できるよう、これらの列車が停車する駅のホーム延長工事も行いました。

この『渋谷つながるプロジェクト』の成功によって、横浜や埼玉方面から、これまで以上に多くの方に渋谷に訪れていただけるようになったと感じています。

―『渋谷つながるプロジェクト』を進めるなかで、どんなところに気を使われましたか？

「いつ、どこで、誰が、何のために、何をするのか」。これを情報として共有できるよう、常に「○○とは連絡を取ったのか？」「△△は順調に進んでいるのか？」と声を掛け続けました。このプロジェクトには、鉄道関係者はもちろんのこと、現場の工事担当者、東急電鉄本社の広報担当者など、いろいろな人間がさまざまな形でかかわってきました。そのため、ひとつの伝え漏れが、大きなトラブルに発展してしまう可能性があると思ったからです。

特に工事現場では、すべてが連携作業で進められていたため、「前の人が○時から○時まで作業するから、自分は○時から現場で待機し、○時になれば作業を開始する」など、同じ現場で働く人のスケジュールにも気を配り、変更があった場合は、必ずその情報を共有するという意識を徹底させました。

―3月16日の工事当日、何か心がけていたことはありますか？

「遅れても絶対に急かさない」ということです。もちろん、工事終了予定時刻までに終わらせることが理想ですが、急かしたことが原因で大事故を招いてしまっては、取り返しがつきません。だからこそ、「始発が遅れたとしても、無事に工事が終われば良い」、そう心のなかで自分を説き伏せながら、工事を見守っていました。でも、始発の時間が近づくにつれ、周りの人間から見ると、顔や態度に焦りが出ていたと思います。

―定刻通りに始発列車が発車したときのお気持ちはいかがでしたか？

切替工事現場に近いビルで待機していたため、列車が動きだした瞬間は見ていないんです。しかし、「列車が来た！」の声で窓の外をのぞき、代官山の駅に入ってきた始発列車を見たときは、目頭が熱くなりました。

実は、終盤の作業に遅れが生じ、始発に間に合わない可能性があったんです。しかし、現場の作業員たちが冷静に行動してくれたおかげで、切替工事は何とか無事に終了しました。そして、始発列車近くで待機していた係員たちが総がかりで運転前チェックを終わらせ、「営業運転開始！」と声を上げた時間は、ちょうど始発列車発車予定時刻だったのです。

東急電鉄の社員一同の「絶対に工事を完成させる。列車に遅れを出さないぞ！」という信念があったからこその成功だと思っています。

―渋谷駅の地下化には反対意見もあったかと思いますが、決断された一番の理由を教えてください。

渋谷は、一部計画的に開発された場所も

3月16日の工事の様子

渋谷駅東急東横線（地上の）最終電車を見送る人たち

渋谷ヒカリエ

渋谷ヒカリエ吹き抜け

ありますが、住む方々や利用する方々によってつくられ、発展してきた街です。
　東急電鉄も創業時から渋谷の街づくりに取り組み、東急文化会館をはじめ、東急百貨店、SHIBUYA109、Bunkamuraなど、次々に施設を開業してきました。しかし、渋谷の将来を考えると、空き地ができれば開発する、建物が古くなれば建て替える、そのような後追い的な街開発で良いのか…。このことはいつの間にか東急電鉄の大きな課題になっていました。そんななか、2000年1月、国土交通省から、「東京圏における高速鉄道を中心とする交通網の整備に関する基本計画について」という考え（答申）が発表されました。そのなかのひとつに東急東横線と東京メトロ副都心線の相互直通運転が盛り込まれていました。「これを機に渋谷駅の複雑な構造を再構築できる。さらには渋谷再開発の起爆剤になる」。そう考えた東急電鉄は、さまざまな議論を重ね、渋谷駅の地下化を決断しました。
　すでに、渋谷の街づくりは『駅街区開発計画』『道玄坂街区開発計画』『渋谷駅南街区プロジェクト』の3つのプロジェクトがスタートしており、その先駆けとなったのが、2012年4月に開業した渋谷ヒカリエです。今後、新しい高層複合ビルが建設され、JR埼京線のホームが東横線の渋谷駅跡地に建設されるビルに移動するなど、渋谷駅周辺はさらに大きく変わる予定です。
　ただ、渋谷駅がターミナル駅ではなくなってしまったことは、私個人はもちろんのこと、社員一同、非常に残念に思っています。しかし、「今後の渋谷を発展させていくためには、渋谷駅の地下化もやむを得なかった」というのが、私たちの率直な思いでもあります。

――新渋谷駅の特徴を教えてください。

　地下5階の新渋谷駅は、ホーム頭上からコンコースまでの駅空間が長径約80メートルの長さの楕円で包まれています。これは建築家の安藤忠雄氏のデザインによるものです。地下にある宇宙船をイメージしてつくられたことから、「地宙船」と名付けられています。
　また、新渋谷駅は環境面にも多くの工夫が凝らされています。たとえば、ホーム階から改札階までの三層を吹き抜けにすることで、電車入線時の風圧を利用して自然換気が行えるようにしました。また、ホームの床や天井などに配置された管に冷水を循環させる「放射冷房システム」を採用したことも、自然との共生を考えたからです。
　ただ、再開発はまだ始まったばかりなので、地下から地上への動線が十分に確保されていないため、お客さまにはかなりご不便をお掛けしているのが現状です。今後、前述の3つの開発プロジェクトが終了すれば、渋谷ヒカリエ、新駅ビルなどが地下でつながる予定です。それに伴い、地下と地上を結ぶエレベーターやエスカレーターも充実させ、目的に応じた場所へ自由に行き来していただけるようになります。今、12歳のみなさんが社会人になるころには、かなり便利な渋谷駅になっているはずです。

――これからの渋谷開発に対する思いを教えてください。

　『渋谷つながるプロジェクト』は、3月16日の東横線と副都心線の相互直通運転開始をもって終了となりましたが、渋谷の再開発は始まったばかりです。そう考えるからこそ、3月16日を迎える前から、「切替工事はあくまでも通過点。工事を終えることで初めて人の流れが変わり、それに伴うお客さまの不満が出てくる。それをどう改善していくかが今後の我々の仕事だ」と、社員たちに伝えてきました。
　とはいっても、私は4月1日の人事で鉄道事業本部から離れることになりました。今となっては直接指示する立場ではありませんが、東急電鉄の役員のひとりとして、より魅力ある渋谷を目標に、社員たちと共に前進していければと思っています。

――子どもたちに伝えたい、仕事において大切なこととは？

絆
泉康幸

泉 康幸さん●東京急行電鉄株式会社
常務取締役 執行役員
グループ事業本部長
1956年青森県生まれ。1974年3月、青森県立青森高等学校卒業。1979年3月、東京大学教育学部卒業。同年4月、東京急行電鉄株式会社に入社し、駅務係、東横線車掌を半年ずつ経験する。その後、財務部、海外開発部、人事部労務課を経て、2006年7月、鉄道事業本部に配属される。2013年3月16日に行われた東急東横線と東京メトロ副都心線の相互直通運転に伴う渋谷～代官山間の地下化切替工事では、本部長として陣頭指揮をとる。2013年4月からは常務取締役　執行役員　グループ事業本部長に就任、現在に至る。
※写真：「東急東横線・東京メトロ副都心線相互直通運転レール締結記念」と一緒に

Premium school

お茶の水女子大学附属中学校

Junior High School of OCHANOMIZU UNIVERSITY

東京／文京区／共学校

自主自律の精神と広い視野を育成する

創設は1875年（明治8年）、130年以上の長い歴史と伝統に支えられたお茶の水女子大学附属中学校。母体となっている大学が女子大学であり、附属高等学校も女子校ですが、附属中学校は1947年（昭和22年）に発足されて以来、男女共学であることが特徴です。「自主自律の精神をもち、広い視野に立って行動する生徒を育成する」ことを教育目標として掲げ、丁寧な指導が行われています。

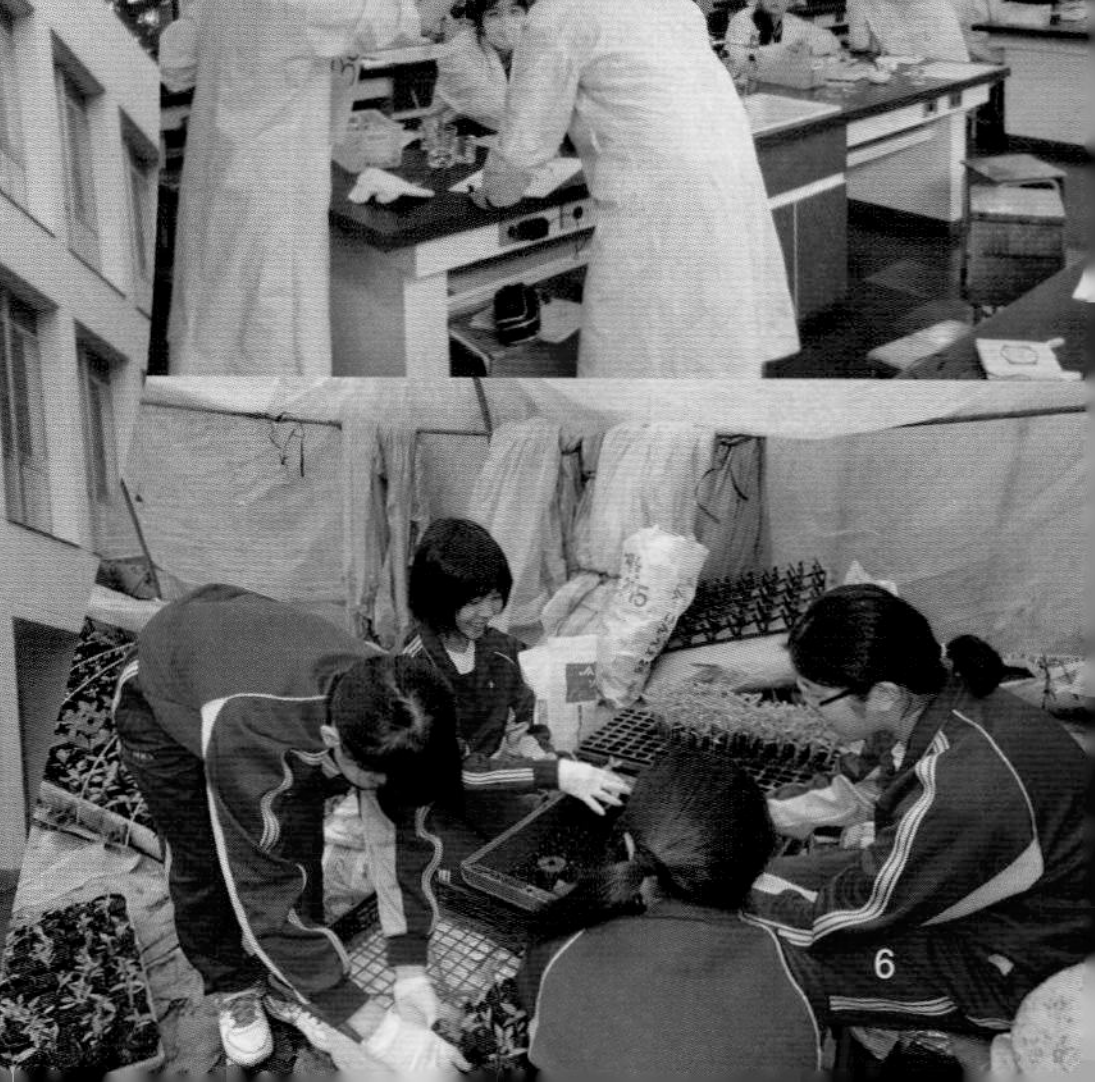

Junior High School of OCHANOMIZU UNIVERSITY

お茶の水女子大学附属中学校

所在地：東京都文京区大塚2-1-1
交　通：地下鉄丸ノ内線「茗荷谷」徒歩7分、
地下鉄有楽町線「護国寺」徒歩13分
生徒数：男子110名、女子259名
TEL：03-5978-5865
URL：http://www.ft.ocha.ac.jp/

2013年度　入試結果

	一　般	帰国子女教育学級
募集人員	男子約20名　女子約25名	男女15名
受験者数	男子27名　女子199名	男子0名　女子11名
合格者数	男子20名　女子40名	男子0名　女子10名

一般入試　国語・算数（各30分）、社会・理科（各20分）
帰国子女教育学級生入試　筆答・面接（受験者と保護者双方に実施）

長い歴史と伝統を背景に多くの有為な人材を輩出

文京区大塚の、まさしく文教地区にあるお茶の水女子大学キャンパス内に、男女共学の国立中学校、お茶の水女子大学附属中学校はあります。

都心とは思えない緑豊かな自然に囲まれ、恵まれた教育環境にある中学校です。

長い歴史と伝統を有していることが特徴です。前身の東京女子師範学校が設置されてから130年、学制改革により新制中学校として独立分離してからも、60年以上の歴史と伝統を持つ学校です。

その歴史の一端を物語るのは、校歌でしょう。昭憲皇太后御下賜御歌の和歌が校歌となっています。三十一文字をゆっくりと歌いあげる校歌ですが、おそらく日本で一番短い校歌ではないかと言われています。

同時に、日本で最初に制定された校歌としても知られています。

1学年4クラスという、小規模な中学校です（中学1年生のみ一般学級3クラスと帰国子女教育学級1クラス編成）。

このそれぞれの学級名には「蘭・菊・梅・松・竹」という植物の名前がつけられており、これもお茶の水女子大学附属の伝統のひとつとして、歴史を感じることができます。

国立大附属中学校として実証的な教育研究を実施

お茶の水女子大学の附属教育機関として、幼稚園・小学校・中学校・高等学校が同じキャンパス内に設置されています。

大学の附属校であることから、通常の中等教育を行うと共に、教育研究にも取り組むことが学校の使命とされています。

お茶の水女子大の研究者と連携して、「変化する社会の中で主体的に生きるために必要な本物の力」を育てる教育内容や教育方法、教育課程の研究とその実証を行っています。

教育目標である「自主・自律、広い視野」の実現に向け、「探究の楽しさ」をキーワードに、各教科の授業や「自主研究」において生徒が主体的に学習活動を展開するカリキュラムが組まれています。

「自主研究」はお茶の水女子大附属中の特色ある教育のひとつで、生徒が自ら選んだテーマについて自主的に研究に取り組みます。

また、最新のネットワーク環境が整備されており、それを活用した情報教育も充実しています。電子黒板など、最新教育機器を活用した授業研究にも積極的に取り組んでいます。

こうした教育研究の成果は、定期的に実施されている公開研究会で発表されます。授業公開や教員による研究協議会を全校態勢で行うことにより、他の公立・私立中学校をはじめとする公教育機関に貢献しています。

また、過去3年間にわたり文部科学省より研究開発学校として指定を受け、自主研究をメインとした教育研究を実施し、一般の公立中学校へ研究成果を還元しています。

お茶の水女子大学附属中学校には、文部科学省の学習指導要領作成にかかわっていたり、検定教科書の執筆にあたっている先生も非常に多くいます。各教育委員会や各地の研究会・研修会で講師を務めることもあります。

そのほか、お茶の水女子大や他大学の教育関連研究に携わっている先生方もいるなど、教師陣が魅力的な中学校です。

男子は全員が高校受験へ 広い選択肢から将来を選ぶ

お茶の水女子大学附属高校は女子校ですので、附属中学校の男子生徒は、高校進学の際には全員が高校受験に臨み、各自の進路を選んでいくことになります。

男子の高校受験合格実績を見ると、毎年優れた結果を残していることに驚かされます。

近年、国立校では筑波大学附属駒場、都立校では日比谷・西・青山など、私立校では慶應義塾、慶應志木、早稲田実業、早大本庄、桐朋、国際基督教大高（ICU）、立教新座、函館ラ・サール、青山学院など、非常に幅広い学校に合格しています。

このように、国公立・私立のトップ校に多くの合格者を輩出し、難関高校への進学者が多いことが特徴です。

中学校入学時における男子の学力から考えると、3年間での学力面における伸びが著しいことが分かります。

入学時においては、どうしても女子大の附属中学校ということで、男子よりも女子の志望が集中しがちであるため、男子の受験倍率は女子ほど高いものではありません。

そのため、男子の学力は入学時では中位レベルという生徒が多いようですが、高校受験の結果では、多くの男子生徒が上位校・難関校へ合格しています。このように、男子にとっても魅力的な学校のひとつであると言えます。

女子生徒に関しては、約8割の生徒がお茶の水女子大学附属高校への進学を希望します。

中3の12月に、連絡進学扱いとして、校内において本試験受験資格認定試験が行われます。

この結果、受験資格を獲得できた生徒は、2月に附属高校への連絡進学者として受験します。連絡進学者は一般受験者より優遇された合否判定がなされます。

毎年、60名前後の女子生徒が、お茶の水女子大学附属高校に進学しています。

女子でも、男女共学の高校を志望する生徒や、音楽・美術・体育などの専門性のある高校への進学を希望する生徒は、それぞれの志望校を受験して進学します。

大学附属の利点を活かし 独自の教育活動を展開

お茶の水女子大学の附属校であるため、さまざまな場面で大学附属校としてのメリットがあるのも特徴です。

例えば、入学式や卒業式などは大学の講堂を使用し、厳粛な雰囲気のなかで挙行されます。

ほかの学校行事でも、大学施設を利用することができるという非常に恵まれた教育環境のもとにあります。

さらに、毎年行われるマラソン大会を大学構内のみで実施したり、美術の写生をキャンパス内で行ったりするなど、緑豊かな広い大学キャンパス内にあることもおおいに活用されています。

自主研究

視聴覚設備を使用した授業

合唱

音楽授業での三味線演奏

体育大会

また、大学の先生方と中学生の生徒が接する機会が非常に多いこともメリットです。大学教授が講義をしてくれることもありますし、生徒が専門分野の第一人者である教授に指導をあおぐ機会もあります。

「自主研究」を進めていくなかで、生徒が大学の研究室を訪れて教授へ質問をしている姿も珍しいことではありません。

さらに、附属中学校の先生方による研究会にも大学の教授が加わり、教科に限らず各専門分野の研究者が共に教育研究できることも大きな利点となっています。

小学校の学習範囲から基礎力を活用する出題

入試問題には、小学校の学習範囲を逸脱する内容の問題は出題されません。基礎的な学力をしっかりと有していれば解答できる問題で構成されています。

単純な暗記問題ではなく、培った知識を総合的に活用して解くタイプの問題が多く出題されることが特徴です。

例えば算数では、テクニックを必要とする特殊算を適用するだけで解答できるタイプの問題ではなく、じっくりと思考し、答えを導く問題が多く出されています。

社会や理科でも、受験生が日常的に目や耳にする言葉や、ニュースを素材とした問題が出題されます。

国語で必ず放送問題が出題されることも、ユニークな特色のひとつです。聞いた内容を正しく理解して、自分の考えをまとめていく力が試されます。

このように、各科目とも、暗記した知識がそのまま解答になる問題は少ないといえるでしょう。

特別な受験準備というより、日常的な小学校での授業や学習を大切にし、そこで培った基礎学力を試す問題が多いのです。

なお、募集定員は男女別に設定され、附属小学校からの進学者数の増減によって、中学校募集定員に若干の変動があります。

帰国生募集は1学年15名定員で、一般学級とは別に募集されています。帰国生は、中学校1年入学時は普通学級とは別の単独クラス編成で、中学校2年次に帰国生を半数ずつ2クラスに混入し、中学校3年次に4クラス全部に混入して帰国生と一般生が共に学び、高めあえるようにしています。

また、お茶の水女子大学附属中学校への受験資格として、通学区域が指定されています。通学に要する時間がおよそ1時間となっています。

東京23区に加え、清瀬市、小金井市、国分寺市などの12市、埼玉県のさいたま市（の一部の区）をはじめとする14市、千葉県の市川市、浦安市、流山市、松戸市の4市が通学区域に指定されています。

募集要項には、学校が指定する地域が一覧で示されています。入学後に提出する住民票で指定された区域内に居住していないことが判明した場合には入学が認められません。

国立大学附属校という優れた教育環境と、長い歴史により培われた伝統を活かし、これからの教育を担っていく、これがお茶の水女子大附属中学校の特徴です。

勤労教育

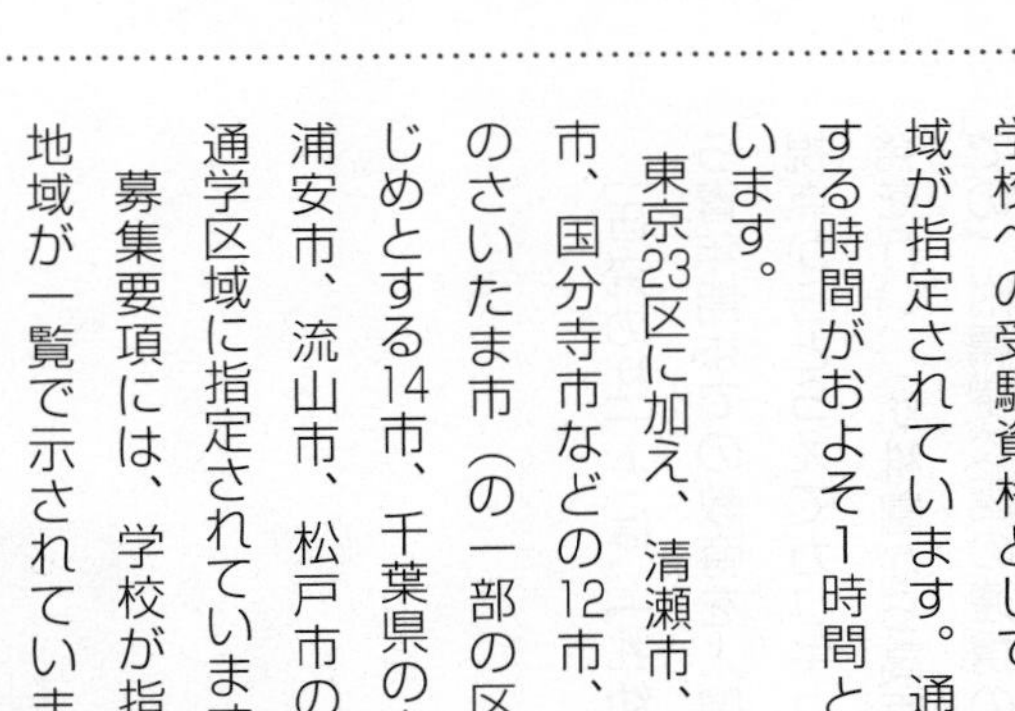
国際交流

2年生志賀高原林間学校

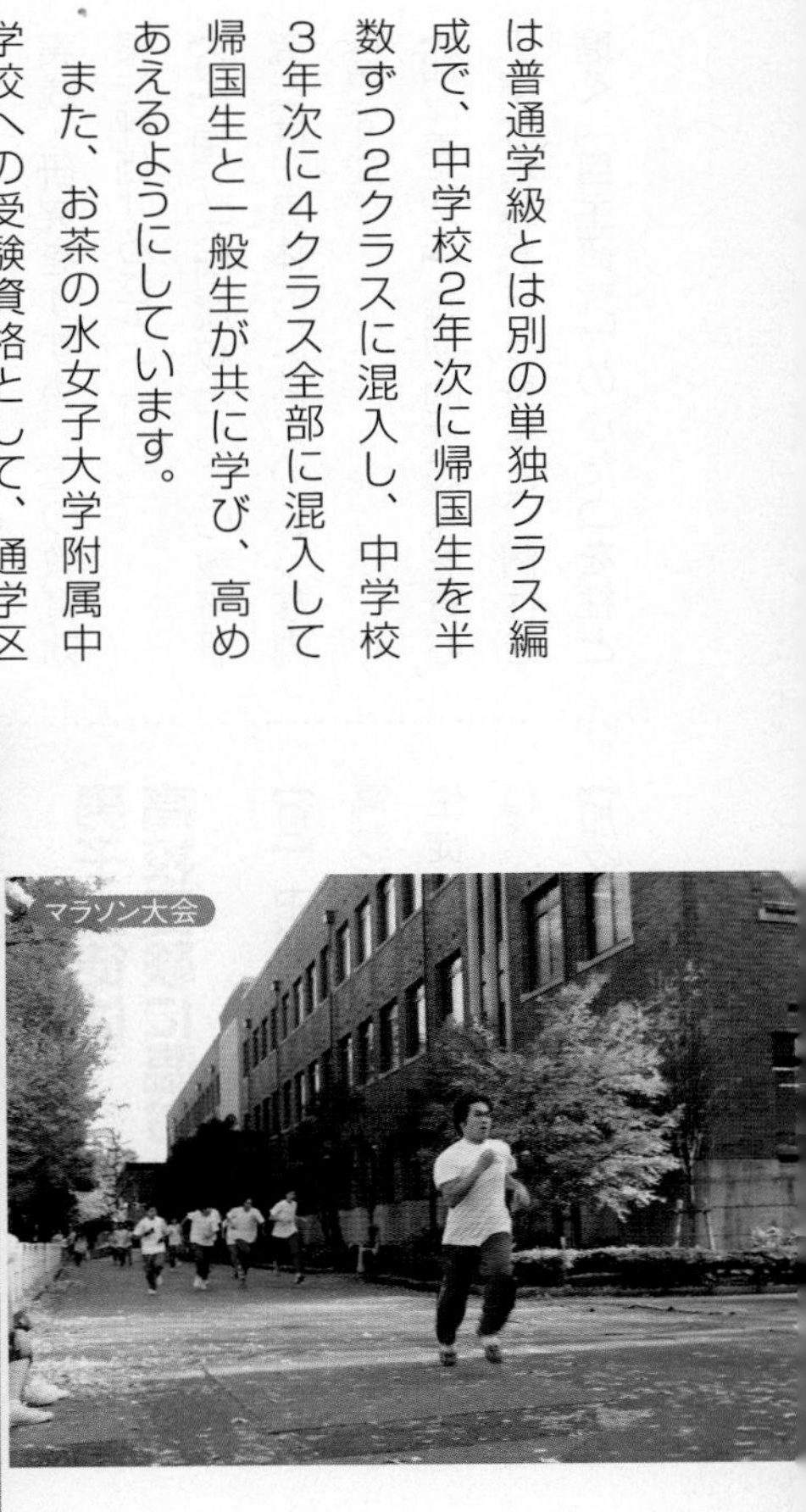
マラソン大会

お茶の水女子大学 附属中学校

Junior High School of OCHANOMIZU UNIVERSITY

「教育の柱」と「研究の柱」ふたつを軸とする国立大附属校

東京都文京区にあるお茶の水女子大学には、附属幼稚園・小学校・中学校・高等学校がそれぞれ設置されています。都心にもかかわらず緑豊かな環境にあるキャンパスでは、ゆったりとした時間が流れています。これらの附属校では、「自主的にものごとに取り組み、自分の考えを持ち、他者との協力関係をきずくことのできる幼児・児童・生徒の育成」を教育の柱としています。伝統あるお茶の水女子大学附属中学校の現在について、加々美勝久副校長先生にお話を伺いました。

加々美《かがみ》 勝久《かつひさ》　副校長先生

国立大学の敷地内 アカデミックな環境で 中学3年間を過ごす

国立大の附属中学校であり 生徒の自主研究実践が特徴

【Q】まず、お茶の水女子大学附属中学校の沿革と基本的な教育理念についてお伺いします。

【加々美先生】本校は、1875年（明治8年）、御茶ノ水に東京女子師範学校が開校されたのが始まりです。

1908年（明治41年）に現在地に移転し、戦後の1947年（昭和22年）に学制改革により男女共学の東京女子高等師範学校附属中学校として発足しました。1952年（昭和27年）にお茶の水女子大学文教育学部附属として改編され、1980年（昭和55年）、現校名のお茶の水女子大学附属中学校となりました。

本校は、「教育の柱」として「自主的にものごとに取り組み、自分の考えを持ち、他者と協力できる生徒の育成」を掲げると共に、国立大の附属校として、「研究の柱」を定めている点が特徴です。

「研究の柱」とは、「乳幼児期から青年期までの教育を人間発達の視点からとらえてカリキュラム開発を行い、（幼稚園から高等学校までの）附属学校園の連携のもとに実践・研究をすすめ、その教育効果を評価すること」です。

【Q】国立大附属校としての教育研究とは、具体的にはどのような内容ですか。

【加々美先生】論理的な思考を育む丁寧な指導を行う授業と、個性を磨く「自主研究」のふたつを柱として教育を行っております。

「自主研究」とは、生徒たちが自分でテーマを設定し、1年半かけて研究する本校独自の取り組みのことです。

男子生徒は 高校受験に臨む

【Q】中学は男女共学ですが、附属高校は女子校です。中学校の男子生徒は高校受験をするわけですね。

【加々美先生】はい。男子生徒は高

学校目標の碑

校　庭

1年生帰国学級教室風景

1年生英語授業風景

図書室

校進学時に、それぞれの志望校を受験します。

　進学先は、国・公・私立と非常に幅広い範囲にわたっています。難関校へ進学する生徒も多く、高校受験では健闘しているのではないかと思っています。

【Q】そうした高い学力を形成する御校の指導方針と授業内容について教えてください。

【加々美先生】本校は国立の学校ですので、基本的には学習指導要領に示された時間内で指導を行っています。授業時間は週30時間です。土曜日には授業はありませんが、生徒祭・体育大会・マラソン大会などの行事を土曜日に実施しています。

「自主自律」をモットーに大学附属のメリットを活かす

【Q】御校の校風について教えてください。

【加々美先生】「自主自律」を創立時から一貫して掲げています。それと同時に、広い視野を持って行動できる生徒を育成することを目指しています。

　授業、部活動、生徒会活動など、幅広い分野において、生徒の成長を見守っています。

　さらに、大学のキャンパス内にあることも特徴のひとつです。

　大学のさまざまな施設を利用できるメリットに加え、大学の先生方による指導を受けることも可能です。「自主研究」の過程では、生徒が大学の研究室を訪ねて教授から専門的なお話を伺うといったことを気軽にできる環境があります。中学生の時期から大学のアカデミックな空気に触れることは、生徒の成長に大きな影響を与える貴重な体験といえます。

【Q】御校を目指すみなさんへのメッセージをお願いします。

【加々美先生】本校は、中学生という多感な時期を過ごす環境として、恵まれたものを有していると思います。

　また、全教員が質の高い授業を実践し、将来、それぞれの集団のなかでリーダーとして活躍できる人材を育成する教育を目指しています。

　本校の教育理念をご理解いただき、ご共鳴いただけたみなさまのご入学をお待ち申しあげます。

最先端の科学技術を
楽しく学ぼう!

MRJ開発プロジェクト

国産初のリージョナルジェット機である「MRJ(Mitsubishi Regional Jet)」。世界最高レベルの経済運航性と客室快適性を兼ね備えた次世代の航空機です。三菱みなとみらい技術館では、MRJの機首部分を実物大で展示し、その技術や性能について紹介しています。また、操縦体験ができる「MRJフライトチャレンジ」や、自分だけのオリジナルカラーでMRJをデザインできる「マイMRJクリエーター」なども設置しています。

アクティ&おかぽんが 早稲田アカデミーNN開成クラス理科担当の阿久津豊先生が解説 三菱みなとみらい技術館に行ってきました!

入口にはコミュニケーションロボットの「wakamaru」がお出迎えしてくれます。

胸の表示が◎の時にお話ができ、「星占い」や「じゃんけん」などもしてくれます。

三菱みなとみらい技術館は どんなところ?

三菱みなとみらい技術館は、明日を担う青少年たちが「科学技術」に触れ、夢を膨らませることのできる場になることを願い、三菱重工業株式会社が1994年6月に設立したものです。

試せるテクノロジー!

常設展示フロア

航空宇宙ゾーン

めざましい進歩をとげる航空宇宙開発。このゾーンでは、日本が誇る最先端技術を体験できます。

海洋ゾーン

日本独自の海洋調査・深海調査技術を実物のような大型模型や映像などから学ぶことができます。

くらしの発見ゾーン

「ぴったりホーム」の中で、電気を「つくる」・「ためる」・「節約する」方法を遊びながら発見できます。

交通・輸送ゾーン

人と地球にやさしい交通・輸送の最新技術を、シミュレーターやジオラマなどから理解することができます。

環境・エネルギーゾーン

様々な発電方法の特徴やそこに活かされる最新の技術、また世界のエネルギー事情について、映像や実物・模型展示で学ぶことができます。

技術探検ゾーン

「てこ」「滑車」「ピストン」などのメカニズム。くらしを支える様々な製品の技術や原理を知り、ものづくりの原点を知ることができます。

トライアルスクエア

「トライアルスクエア」は、様々な乗り物の設計・製作・操縦体験を通じて、楽しみながらものづくりの一端に触れることができます。

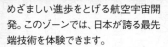

チャンバーシアター

国産ロケット「H-ⅡB」と同じ直径5.2mの円形スクリーンのシアターです。ロケットや宇宙をテーマにしたオリジナル作品を大迫力の音響と映像で体験することができます。

H-ⅡAロケット

全長53m、重量289t、直径4mのH-ⅡAロケット。日本で開発した最新型ロケットで、2001年に初めて打ち上げられて以来、今日まで22回打ち上げられています。
H-ⅡAロケットは非常に高性能で、成功率は95.5%を達成しています。

スカイウォークアドベンチャー

ヘリコプターの本格的な操縦体験ができるシミュレーターです。CGで再現された横浜上空を自由に操縦してみましょう。

アクティは着陸に失敗してしまったんだよ。みんなは成功できるかな。

ロケットエンジンファクトリー

国産ロケット「H-Ⅱ」と「H-ⅡA」・「H-ⅡB」のメインエンジン「LE-7」と「LE-7A」の燃焼試験に使われた実物が展示されています。

写真は「LE-7A」で、よく見ると、焦げの跡がついているんだ。

「きぼう」から見た地球

日本初の有人実験施設である「きぼう」。その「きぼう」の2つの窓は各国モジュールの中で、唯一地平線方向を向いています。航空宇宙ゾーンでは「きぼう」に付いている2つの窓から地球を見る疑似体験ができます。

ISSから地球を見てみると、地球のほんの一部分しか見えないんだ。

大空から宇宙へ

この展示物からは「国内線旅客機」、「国際宇宙ステーション」や気象衛星「ひまわり7号」などの飛行高度を学ぶことができます。

有人潜水調査船「しんかい6500」

6,500mの深海まで潜水することができ、全世界の約98%の海底調査を可能にした、世界最高水準の深海潜水調査船です。

精密断面模型が展示されているので、よく観察してみてね。

「ちきゅう」が海底を掘るイメージを、4,000分の1の縮尺で表した模型です。

地球深部探査船「ちきゅう」

マントルや巨大地震発生域への大深度掘削を可能にする世界初のライザー式科学掘削船です。

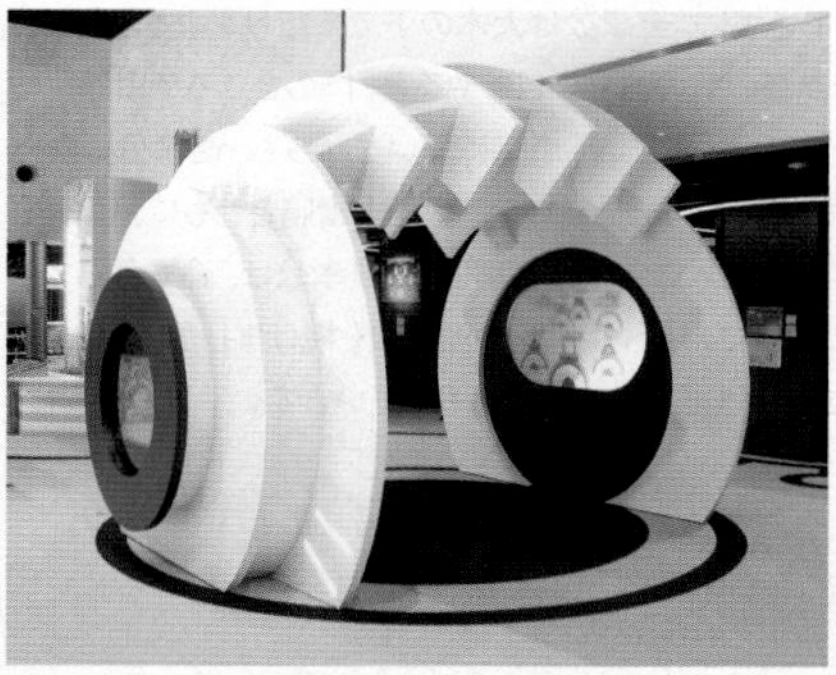

エネルギーの歴史

エネルギーを生み出す回転翼をイメージしたオブジェの中では、「人とエネルギーのかかわり」をアニメーション映像で見ることができます。

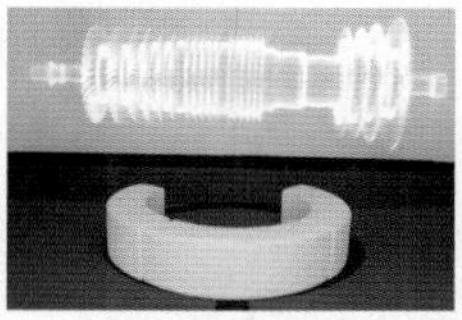

ワールド・ダイバー・ビジョン

現場の最先端のエネルギー創出方法を幅14mにもなるワイド画面から学ぶことができます。

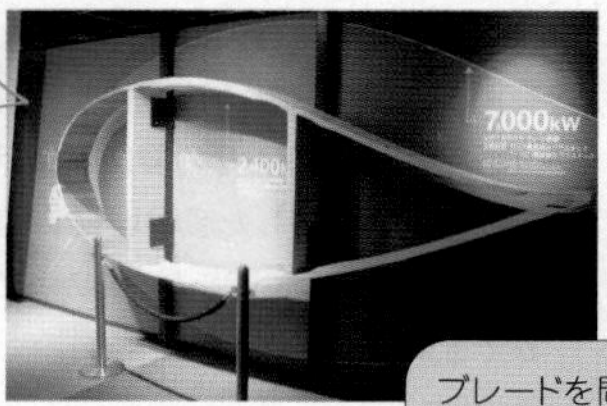

風車・ブレード

2,400kW風車のブレードの一部分を実物展示しています。

ブレードを間近で観察したり触れながら、風力発電のしくみや技術を勉強しましょう。

〒220-8401 神奈川県横浜市西区みなとみらい三丁目3番1号
三菱重工横浜ビル
TEL. 045(200)7351

開　館／午前10時～午後5時(入館は午後4時30分まで)
休館日／月曜日(祝日の場合は翌日)、年末年始及び特定休館日
料　金／一般500円、中・高校生300円、小学生200円
※小・中・高・大学生の校外学習は無料(要予約)
交　通／みなとみらい線「みなとみらい」駅　けやき通り口より徒歩3分
JR根岸線・市営地下鉄「桜木町」駅より徒歩8分
http://www.mhi.co.jp/museum/

QUIZ

テクノくんから「洋上風車」に関するクイズだよ。

これからの風力発電で期待されているのが海洋や湖上、フィヨルドや湾岸内などに設置できる「洋上風車」なんだよ。
さて、洋上風車はどうして海の上に建てるのかな？

三菱みなとみらい技術館
キャラクター「テクノくん」

【正解】海上は風が一定方向に吹いているから。

聞いてビックリ
知って納得

都道府県アンテナショップ探訪

これまでいくつの都道府県を訪れたことがありますか？各都道府県には、まだあまり知られていない名所や習慣が多く存在します。今回は、「ゆめぷらざ滋賀」の江島さんに滋賀県の魅力をお聞きしました。

ゆめぷらざ滋賀 主任書記
江島 奈穂さん

ひこにゃん
彦根市許諾（無償）
No.1320072

国宝「彦根城」

井伊三十五万石の城、彦根城は江戸時代様式の城郭を今にとどめ、国宝の天守閣をはじめ数々の建物、牛蒡《ごぼう》積《づみ》と呼ばれる特徴のある石垣や大名庭園「玄宮園《げんきゅうえん》」などが昔のままの姿で残っています。またその麓には井伊家の表御殿を再復した彦根城博物館があり江戸大名の生活をかいまみることができます。

ひこにゃん

彦根城築城400年祭のキャラクターとして誕生した「ひこにゃん」
愛称●ひこにゃん
趣味●彦根城の周辺を散歩すること
仕事●彦根城のＰＲ

「ひこにゃん」のモデルは一匹の猫

ある日、2代目彦根藩主井伊直孝公が突然の豪雨に見舞われました。どうすることもできずに、直孝公は大木の下で雨宿りをすることにしました。直孝公が目の前のお寺に目をやると、門のところで白猫がしきりに手招きをしていました。不思議に思いながらも、直孝公は白猫の方へ歩き始めました。するとその時、大きな雷鳴とともに、直孝公が雨宿りをしていた大木に雷が落ちました。直孝公は、命を救ってくれた白猫を城に連れて帰り、井伊家の兜と刀を授けました。「ひこにゃん」は、その白猫がモデルになったとされています。

お土産売れ筋ランキング

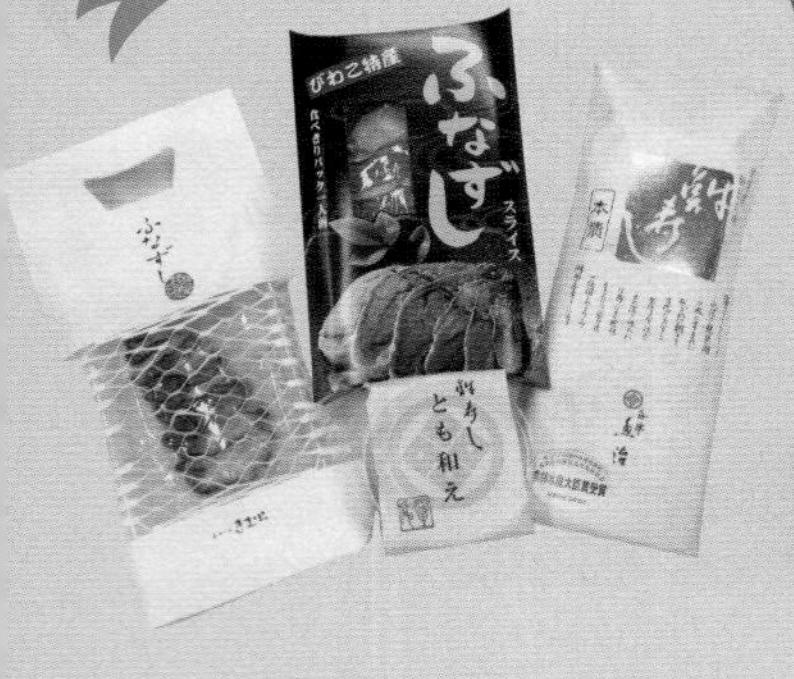

1 ふなずし

琵琶湖固有種の「ニゴロブナ」と近江米を2〜3年塩漬けして発酵させたふなずしは絶品！

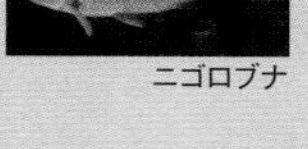

ニゴロブナ

2 赤こんにゃく

近江八幡のこんにゃくは赤い！
織田信長が赤の長襦袢《ながじゅばん》をまとい、踊り狂ったと伝えられている天下の奇祭「左義長《さぎちょう》まつり」。この祭りは踊り子が女装し、その年の干支の山車に、高さ数メートルにも及ぶ炎を象徴する無数の赤紙を飾り、町内を練り歩きます。この勇壮な祭礼にちなみ、八幡名物「こんにゃく」も赤く染め上げたと言われています。

左義長まつり

3 近江牛カレー

神戸牛、松阪牛とならぶ日本三大和牛の一つ近江牛が入ったカレー。近江牛は、黒毛和種の和牛が滋賀県内で最も長く肥育された場合に許される呼称です。

② 比叡山延暦寺《ひえいざんえんりゃくじ》

延暦寺は、最澄が延暦7年(788年)に比叡山に開いた天台宗総本山です。1994 年に世界文化遺産に登録されました。谷や尾根を生かして作られた「東塔《とうどう》」「西塔《さいとう》」「横川《よかわ》」の３地域をあわせて比叡山延暦寺と呼び、その姿は威厳に満ちています。

① 県内最高峰「伊吹山《いぶきやま》」は積雪量No.1

伊吹山は、日本海の若狭湾と太平洋の伊勢湾を結ぶ風の通り道にあります。そのため、大陸から日本海を渡る湿った強い風が変化に富んだ独特の気候を生みます。気温が低く降水量も多いため、冬に多くの雪が降ることでも有名です。積雪は11月頃に始まり、2月頃が最も多く、およそ5mとなります。最深積雪は、1927年2月14日に11.82mを記録し、世界山岳観測史上1位となっています。

滋賀県基本情報

面積…… 4017.36㎢

人口…… 1,416,258人
（推計人口／2013年5月1日現在）

県の木… モミジ

県の花… シャクナゲ

県の鳥… カイツブリ

シャクナゲ

こんなかわいいキャラクター「知ったかぶり カイツブリ」もいます！

③ 日本六古窯《にほんろっこよう》の一つ信楽焼《しがらきやき》

信楽焼で有名な狸には、八相縁起《はっそうえんぎ》と言われる八つの縁起があります。

① 笠：思いがけない災難から身を守る
② 通：世渡りにはまず信用が第一
③ 目：何事も前後左右に気を配り正しく見つめる
④ 腹：常に沈着冷静に、しかし決断には大胆さがある
⑤ 顔：常に愛想良く、真を以《もっ》て努める
⑥ 金袋：金銭を自由自在に使える金運に恵まれるように
⑦ 徳利：飲食には困らず、徳を持てるように努力する
⑧ 尾：物事の終わりは大きく、しっかりと身を立てることが幸福である

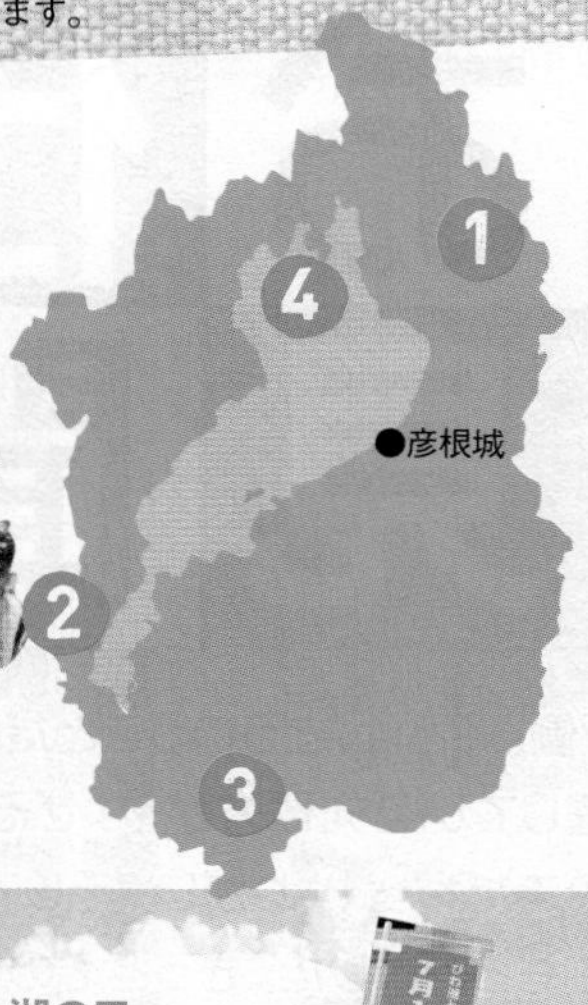

④ 竹生島《ちくぶしま》

琵琶湖沖合約6kmに浮かぶ周囲約2kmの小島。彦根港や長浜港などからフェリーで行くことができます（有料）。島の名前は「神を斎《いつ》く島」に由来しています。「深緑竹生島の沈影《しんりょくちくぶしまのちんえい》」として琵琶湖八景のひとつにも数えられています。日本三大弁財天のひとつ「宝厳寺本堂《ほうごんじほんどう》（弁才天堂《べんざいてんどう》）」が島の奥に鎮座しています。

琵琶湖の不思議

対岸が全く見えないくらい大きな琵琶湖。滋賀県の大半を占めていると思われがちですが、その大きさは滋賀県の面積の約 1/6 なんです。1周は 235km。自動車免許を取った滋賀県民は、琵琶湖を一周するのが習慣だとか。さらに、近畿地方の1400万人もの人が琵琶湖の水を使って生活しているんです。

移動している？！琵琶湖

400万年前は三重県にあったと言われている琵琶湖。地殻変動により、今でも少しずつ北へ動いているんです。遠い未来、福井県まで移動するという説もあるそうです。

7月1日はびわ湖の日

「びわ湖とつながる びわ湖と生きる」をテーマにした琵琶湖への想いを共有する日

今から３０年ほど前、家庭からの排水などにより赤潮が発生するなど、琵琶湖の水の汚れが大きな問題となりました。そこで、赤潮の原因の一つが合成洗剤に含まれる「リン」だと知った滋賀県の人々は、自分たちの力で琵琶湖をきれいにしようと、「リン」を含む合成洗剤をやめて粉石けんを使う「石けん運動」をはじめました。その運動が「琵琶湖条例」として実を結び、その条例施行１周年を記念し、定められたのが７月１日「びわ湖の日」です。

7月1日に琵琶湖を清掃する滋賀ふるさと観光大使西川貴教さんと滋賀県知事の嘉田由紀子さん

琵琶湖には珍しい魚がいっぱい
琵琶湖にしかいない固有種と呼ばれる魚

「ビワコオオナマズ」 琵琶湖の固有種の魚と言えばこの魚！迫力満点です。

「ビワマス」 琵琶湖の女王と呼ばれています。脂がのっていて、美味です。

ビワマス

ビワコオオナマズ

滋賀県にどんどん広がる「環境こだわり農産物」

食べることで、びわ湖を守る。「環境こだわり農産物」

- 農薬の使用量が通常の5割以下
- 化学肥料の使用量が通常の5割以下
- 泥水を流さない

など、琵琶湖などの周辺環境にやさしい栽培方法で作られ、滋賀県が認証している農産物です。

下田なす

近江米

実は…「高島屋」の屋号の由来は高島市
「高島屋」の初代の飯田新七《いいだしんしち》の養父・儀兵衛《ぎへい》が、近江国高島郡（現在の滋賀県高島市）の出身であることから名づけられたと言われています。

一度行ったらやみつき！滋賀県

「また行きたい都道府県」ランキングでは、いつも上位にランクインする滋賀県。行けばわかる、満足度が高い都道府県なんです。さらに、昔懐かしい心温まるような情景がたくさん見られるのも魅力です。

長浜市高月の田園風景

ゆめぷらざ滋賀

〒100-0006 東京都千代田区有楽町2-10-1
東京交通会館2F TEL. 03-5220-0231
JR山手線・京浜東北線、東京メトロ有楽町線
「有楽町」駅 D8出口直結
営業時間：9：30～18：00／定休日：年末年始

受け継がれる伝統

高島ちぢみのステテコ

通常の平織りに比べて緯糸《よこいと》の撚《よ》りの回数を多くひねることで「うね」を出し、肌にあたる面積を少なくしています。そのため、通気性が良く、さらっとした肌触りの爽やかな着心地になります。「高島ちぢみ」は国産シェア 90%です。

デザインも変わってきています！ 女性にも人気の「ステテコ」

「ステテコ」といえば、お父さんが使うものというイメージですが、最近のものは違います。時代とともにデザインも進化。今では、こんなにデザイン性に富んだ「ステテコ」もあるんです。

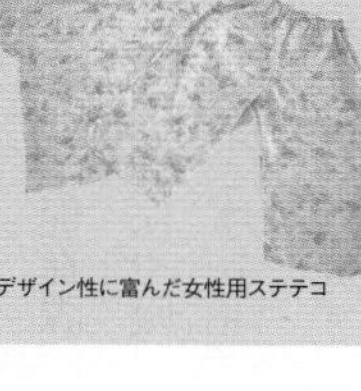

デザイン性に富んだ女性用ステテコ

男性用ステテコ

扇子（扇骨《せんこつ》）

みなさんご存知の「京扇子」。「京扇子」という名前から、扇子のすべてが京都で作られていると思っている人が多いのではないでしょうか。実は、国産扇子の骨（扇骨）の約9割は滋賀県で作られているんです。

写真協力：（公社）びわこビジターズビューロー

お仕事見聞録

「働く」とは、どういうことだろう…。さまざまな分野で活躍している先輩方が、なぜその道を選んだのか？仕事へのこだわり、やりがい、そして、その先の夢について話してもらいました。きっとその中に、君たちの未来へのヒントが隠されているはずです。

PROFILE

1974年生まれ。1993年3月、東京都立小金井北高等学校卒業。1994年4月、法政大学法学部法律学科に入学、1999年3月卒業。同年4月、富士重工業株式会社に入社し、6月から岐阜スバル自動車へ営業担当者として出向。2001年10月、第一購買部資材課に異動し、第二購買部内外装品課を経て2010年1月にスバル国内営業本部販売促進部促進課に配属、現在に至る。

販売促進担当者

富士重工業株式会社

田崎正名 さん

―販売促進担当者とはどんな職業ですか？

富士重工業は、第二次世界大戦中に使われた戦闘機『隼』などを製造した「中島飛行機」という飛行機メーカーがルーツです。"人のための技術開発"という精神のもと、さまざまな航空機を開発・製造。そのスピリッツを受け継ぎ、現在は、「レガシィ」や「インプレッサ」といった自動車『SUBARU』の開発・製造を中心に、航空機、建設機械などで使う小型エンジンなども製造しています。

私が所属している販売促進部促進課は、SUBARUの新車販売時に、宣伝や販売をサポートする部署です。特に力を注いでいるのが、SUBARUのクルマを販売する店舗（ディーラー）の営業担当者に対して、新車をしっかり理解してもらい、お客さまへわかりやすく説明できるようにするための教育です。たとえば、現在、クルマを購入されるお客さまからよく質問されることのひとつに『運転支援システムEyeSight(ver.2)〈以下、「アイサイト(ver.2)」〉』があります。これは、世界初のステレオカメラを使った運転支援システムで、人が周りのモノを認識するときと同じように、クルマに取り付けた2個のカメラで前方にあるモノ(人や自転車を含む)を確認し、モノとの距離や近づくスピードを自動的に計算し、衝突の危険があると判断した場合は、ドライバーへの警告やブレーキ制御を行うことで、衝突を回避するしくみです。つまり、『アイサイト(ver.2)』は、万が一前方のクルマや歩行者に気づくのが遅れても自動的にブレーキがかかり、また、渋滞中のときには車間距離を保った走行をするなど、さまざまな形で運転者をサポートすることができるのです(注:どんな状況でもかならず止まるものではありません)。このようなしくみやメリット、ご使用時の注意事項などを、実際にお使いになるお客さまに対して、正しく、そしてわかりやすく説明して、お客さまにきちんと理解していただけるように、営業担当者に向けた講習会を開いたり、説明資料などを用意して、徹底した教育を行っています。

また、6月24日から発売している『XV HYBRID』に試乗された方に、障害物があれば自動的に止まる『ぶつからない!?ミニカー』をプレゼントしていますが、このような販売促進グッズを考えるのも【販売促進担当者】の仕事です。

—この職に就こうと思ったきっかけは?

私が就職活動をしていたころは"就職氷河期"と呼ばれており、企業を選ぶだけではなく、就職できるところを探す時代でした。そんな厳しい時代ではありましたが、発電所や飛行機など、社会生活に欠かせない基本的なモノを製造する企業で、マーケティングや販売促進など、営業部門に携わりたいと思いました。そこで私は、「○○重工業」と名の付く企業を中心に就職活動をしました。最終的に富士重工業を選んだのは、独自性を感じたことと、飛行機をはじめとするさまざまな製品を取り扱っていたからです。

—仕事をしていてうれしかったことは?

3年間販売に関わってきた『アイサイト(ver.2)』が、多くの方に受け入れられたことはもちろんうれしいのですが、20年以上この研究を続けてきた技術者の努力が実を結んだと思うと、大変うれしく思います。

というのも、『アイサイト(ver.2)』の基本的な研究がスタートしたのは１９８９年です。10年後には『ADA』の名で発売されましたが、当時の価格は約70万円。その後、「この安全なシステムをもっと世に広めるためには、価格を下げなければならない」と技術者たちが努力した結果、２００８年、約20万円で購入いただける『アイサイト』が完成し、２０１０年には、さらに進化させて、約10万円で購入いただける現在の『アイサイト(ver.2)』が発売されました。この『アイサイト(ver.2)』は、使っていただければかならず喜んでもらえるシステムだと、とても自信があったので、【販売促進担当者】はもちろんのこと、社内が一致団結し、ひとりでも多くの方に試乗いただけるように必死でＰＲを行いました。その結果、２０１０年より前では『レガシィ』への装備率は7%以下

SCHEDULE
田崎さんのある一日のスケジュール

9:00	出勤 メールや書類のチェック
10:00	広報部や開発部との 打ち合わせ
12:00	昼食
13:00	広報部や開発部との 打ち合わせ
15:00	各種イベント会社・広告 代理店・制作会社などとの 打ち合わせ
17:00	メールや書類のチェック
18:00	退勤

だったにもかかわらず、現在、『レガシィ』の約90％に『アイサイト（ver.2）』が付けられています。人とクルマが共存するなか、今後『アイサイト（ver.2）』をより多くの方にお使いいただけることを願っています。

—仕事上で気をつけていることは？

勇気は必要ですが、自分で立てた目標を宣言する、〝有言実行〟を心がけています。

また、社内の人間とは、たとえ部署が違っても直接会話するようにしています。これは、富士重工業にはコミュニケーションを重視する社風があるからです。

そして、もうひとつ気をつけているのが、どんなに難しい課題でも正面から受け止め、積極的に取り組むことです。

—販売促進担当者として働くための資質は？

【販売促進担当者】に限らず、富士重工業で働くならば、我々の仕事は世の中にないモノを作ることなので、新しいことにチャレンジするのが好きな人のほうが向いていると思います。

また、取り扱う製品も、開発者、広報担当者、営業担当者など、かかわる人間が多いので、周りの人の意見を尊重しながら話を聞くことができ、それを〝正しく伝える能力〟も必要です。この場合の〝正しく伝える能力〟とは、一言一句間違えずに伝えることではありません。相手にわかるように伝えることです。というのも、【販売促進担当者】は、技術者から新車の特徴などを説明してもらいます。専門用語がいっぱいの説明をそのまま営業担当者に伝えたとしても、お客さまにきちんとご理解いただけるとは限りません。どのような説明をすればお客さまに魅力的に感じていただけるか、お客さまの生活がより豊かなものになると実感していただけるかを意識しながら業務を進めています。つまり、お客さまだけではなくさまざまな立場や視点を持ち提案と説明が出来るスキルが求められると思います。

—将来の夢は？

世界に誇れることを、〝SUBARUらしく〟、世の中に提案していく—。これは私の夢であり、社員全員の目標でもあります。

—この仕事の魅力を教えてください

世の中になかった製品を作れることです。また、それが世の中に受け入れられたとき、私たちがうれしいのはもちろんのこと、数十年前にタネをまかれた大先輩たちにも喜んでもらえることです。

今、私たちが取り組んでいることは、小学校6年生のあなたたちが世に出すことになる技術や製品かもしれません。少なくとも次の世代にバトンをつなげるのはあなたたちです。他社にはできないことに、〝SUBARUらしく〟チャレンジし、社会貢献したいと思うなら、ぜひ、私たちからバトンを受け取ってみませんか？

—お仕事とは？

自己実現

田崎正名

6年後 夢をかなえる 中学校

夢中

東京成徳大学中学校

『創造性と自律』のもと、「新しい時代を生きる力」を育成

中高一貫部の教育テーマは『創造性と自律』です。変動する時代において、どんな状況下でも自分を見失わない強い精神と、高い能力を身につけさせるために掲げた目標です。

『創造性と自律』の精神を基盤に、豊かな情操と自主性を育む場として、特に中学段階における学校行事を充実させています。ミュージカル鑑賞会に代表される芸術鑑賞、生徒全員が知恵を振り絞り、助け合いながら実行する文化祭や合唱祭は、たくさんの感動にあふれ、心に残る思い出となります。

また、多くの卒業生が6年間で最も印象深い行事の一つとして挙げるのが、2年次に実施される長野県戸隠での校外学習です。都会では味わうことができない山登りやキャンプ場での生活が、生徒たちを一回りも二回りも大きく成長させます。

中高一貫部教頭
東先生

全力で取り組む実践的英語力の育成

実践的英語力を育成すべく、これまでも一定以上の取り組みを行ってきました。

しかし、国際社会が要求するコミュニケーションスキルとしての英語力を考えた場合、さらに徹底した対策が必要であると考えるようになりました。

そこで本校では、昨年度から専任ネイティブ職員を3人登用しました。授業におけるコミュニケーション能力の育成と、学校生活全般を通じて英会話の機会を増やすことを目的としての決断です。また、昨年の桐蔭祭（文化祭）では、中学1、2年生が英語でプレゼンテーションを行いました。今後は、校内での英語スピーチコンテストとして、拡大させていきます。

桐蔭祭での英語プレゼンテーションの様子

来年度から、英語のカリキュラムはさらに厚くなります。ネイティブ職員による3時間の授業と日本人教師による5時間の授業。合わせて週8時間を英語の授業に充てます。英語で授業を受け、英語で発信することが当たり前の環境を提供し、リーディング、リスニング、スピーキング、ライティングの基本4技能をバランス良く習得させます。

まずは、3年次での英検準2級合格を目指し、次のステップにおける、より高い読解力養成と英語運用力の向上に努めます。高校卒業までに確固たる英語力を身につけ、将来への大きなアドバンテージを築いてほしいですね。

ネイティブ職員による英語の授業の様子

良好な人間関係が作り出す最高の6年間

中高生活を振り返った時、卒業生のほとんどが「最高の6年間」と評価してくれます。その根幹にあるのが「良好な人間関係」です。互いの個性を認め合い、人格を尊重し合いながら結ばれていく、人と人との温かい絆。この温かな雰囲気こそが、本校の最も誇るべき校風であり、良き伝統です。この校風は、この先も大切にしていきたいと考えています。

東京成徳の6年一貫教育は、日々進化し続けます。男女がともに同じ場で学び合い、お互いを認め合いながら、自分自身、そして社会の未来を見据え、まっすぐに進んで行く。そんなたくましい生徒を育てていくことが私たちの目標です。

職員室前の共有スペースで談笑する
東先生と深井さん

到達目標

学年		1年	2年	3年	4年	5年	6年
到達目標	習得語彙	→2000語		3000語	4000語	5000語→	
	英語検定	→3級取得		準2級取得	2級取得・TOEICにチャレンジ		
	広域模試	中学校学力テスト・大学受験全国統一模試等での偏差値アップ					

大学受験を見据えた中高一貫部の英語到達目標

東京成徳大学中学校高等学校
OBリポート

素晴らしい仲間と先生に出会えた最高の6年間

深井 稜汰さん　東京工業大学　第1類　4年

私が東京成徳大学中学校を志望したきっかけは、東京成徳に通っていた近所のお兄さんに対する憧れからです。自分も自然と同じ学校に通いたいと思うようになりました。実は、その方は今、東京成徳の先生をされているんです。そして、私も数学の先生を目指し、今年の春に教育実習で東京成徳の教壇に立ちました。このように、人と人とのつながりがとても深いことが東京成徳の魅力です。

中2の時に行った長野県の戸隠では、飯盒炊さんを行ったり、テントを張って泊まったり、まさに「自給自足」の体験をしました。この経験によって得たものは大きく、その後、人間関係でトラブルが起こったときでも、「あのとき、みんなで一緒に考えて生活できたじゃないか」と振り返り、問題をポジティブに捉えて解決できるようになりました。

また、先生と生徒の距離が近いことも魅力のひとつです。職員室の前には、面談を行えるような広いスペースがあり、よく質問や相談をしていました。進路や勉強のことで少し落ち込んでいた高2の頃、この場所で「課題が多くて困惑している」と先生に相談したことがあります。そんな私に先生は、「自分のペースで進めて良いんだよ。自分を見失わないように」と温かい言葉をかけてくださいました。この温もりこそが「東京成徳」の校風なんです。

また、部活動も充実しています。音楽が好きな私は、合唱部と軽音楽部に所属していました。12月に行われる合唱祭では、中学校3年間、ピアノの伴奏を務めました。クラス全体がひとつになって感動を味わえる行事のひとつです。

思い出のピアノで演奏

このように、とても充実した中高生活を送りました。私にとって東京成徳は、いつでも帰ることができるホームグラウンドだと言えます。

今、大学では地球惑星科学を専攻し、主に隕石を研究しています。将来、先生を目指しているのは、教えることが好きだからです。教えるということは、他者を理解することでもあります。東京成徳で出会った方々との絆を大切にし、また、これから出会う方々との関わりの中で、お互いを高め合っていきたいです。

東京成徳大学中学校の魅力

実験室

充実の理科実験室。分野ごとに3室を完備。理数系の強化にも力を入れています。「物理地学実験室」には、天文部が使用する半円形の大きな窓があります。

▲▼物理地学実験室

化学実験室

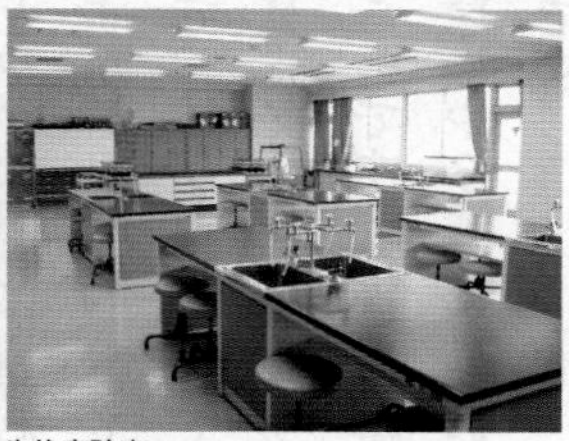
生物実験室

文武両道

部活動も盛んな東京成徳。特に、バスケットボール部が有名です。体育館の中には、大きな応援の垂幕があります。

戸隠校外学習

中学2年生の夏に長野県戸隠で実施される「戸隠校外学習」。深井さんもたくさんの思い出を語ってくれました。東京成徳を代表する行事の一つです。

SCHOOL DATA　〒114-8526 東京都北区豊島8-26-9　東京メトロ南北線「王子神谷駅」徒歩3分　TEL.03-3911-7109

Close up!!

クローズアップ!!

湘南白百合学園中学校

SHONAN SHIRAYURI GAKUEN Junior High School

神奈川県　藤沢市　女子校

恵まれた学習環境のもとで人間力と学力を養成する

片瀬目白山の小高い丘の上に立つ湘南白百合学園は、「従順」「勤勉」「愛徳」を校訓に、「奉仕の精神」と、社会で活躍できるしっかりとした学力を身につけて、人の規範となれるような女性を育てています。

SCHOOL DATA

所在地
神奈川県藤沢市片瀬目白山4-1

アクセス
湘南モノレール「片瀬山」徒歩７分、江ノ島電鉄「江ノ島」徒歩15分、小田急江ノ島線「藤沢」から江ノ電バス「片瀬山入口」徒歩３分

生徒数
女子のみ547名

TEL
0466-27-6211

URL
http://www.shonan-shirayuri.ac.jp/

水原《みずはら》 洋子《ようこ》　校長先生

【Q】御校の教育理念についてお教えください。

【水原先生】フランスで、ひとりの司祭とその司祭に協力を申し出た4人の若い娘たちが、貧しい地域で教育活動・福祉活動を始めました。その活動からスタートしたカトリックの修道会が本校の母体となっており、教育の根底にあるのは「奉仕の精神」です。

奉仕というのは、相手の人格を尊重して、自分の時間、労力などを相手の幸せのために捧げることです。また、ただ人に奉仕するだけではなく、その行動をもって人の模範、リーダーになれる人、私はそれを「サーヴァント・リーダー」と呼んでいますが、そうした女性を育成していくことを目指しています。

【Q】御校の校風はどのようなものでしょうか。

【水原先生】本校を含め、日本に姉妹校は7つあり、建学の精神や校訓は同じなのですが、校風はそれぞれ特徴があるように感じます。

本校の場合は、外からいらっしゃった方に「温かみがある」「ほっとする」とよく言っていただきます。その理由のひとつとしては、周囲の環境があると思います。緑に囲まれ、車の音などは聞こえません。聞こえてくるのは鳥や、今の季節ですとセミなど、そういった自然の生き物たちの声です。桜の季節には、教室の横の中庭にある桜の木にやってくるリスを見ることもできます。

外から見るとお嬢様学校と言われたり、生徒たちはおしとやかな感じに思われることが多いのですが、実際は、とても明るく元気があって、伸びのびとしています。私たち教員が彼女たちからパワーをもらっているぐらいです。学校行事も、みんなが全力投球でやり遂げるというのが湘南白百合生です。

勉強面でいえば、受験期には、早いうちに大学に合格した生徒をはじめ、みんなで最後までがんばっている友人たちを支える、そんな優しさのある校風です。

【Q】どのような生徒に入学してもらいたいですか。

【水原先生】素直で、少々のことでは挫折してしまわないような、前向きな意欲を持っていろいろなことに挑戦しようと思っている生徒さんですね。そういった生徒さんに対して本校は、個性を磨き、チャレンジできる場所や機会をおおいに提供しています。

こうした機会をとおして、生徒さん自身のうちにある大事なもの、いいものに気がついてほしいですし、伸ばしていってほしいと思います。

人としての力を育て 希望進路に送り出す

２０１１年（平成23年）に創立から75周年を迎えた湘南白百合学園中学校（以下、湘南白百合）は、豊かな自然と静かな環境のもと、他者を思い、他者のために力を尽くすことができる奉仕の精神を持った女性を育ててきました。

生徒と教員の距離も非常に近く、学習面だけでなく、生活面も含めて、悩みなどを生徒が教員に相談しやすい雰囲気があります。また、親密ではありながらも、あいさつや言葉遣いなど基本的な礼儀の部分をおろそかにせず、6年間でしっかりと身につけることができるのも湘南白百合のよさといえるでしょう。

一方、こうした人間教育とともに、毎年多くの生徒が難関大学への合格を果たしています。

中高6年間の完全一貫教育を行う湘南白百合では、中学3年間は全生徒が共通履修で各教科を万遍なく学んでいきます。また、中だるみを防ぐ意味でも、中3のいくつかの教科で高校の学習内容を先取りしたり、習熟度別の授業を行ったりします。

高校に進むと、生徒それぞれの希望する進路に合わせた学習を可能とするために、高2から多くの選択科目が用意されています。

補習も充実しています。生徒一人ひとりを見ながら、各教科で必要なタイミングで先生方が生徒をピックアップして行ったり、放課後にも様々な補講が用意されています。しかも、この補講は先生方が自主的に行うもので、教員の意欲の高さが伺えます。

クラス編成は、文系・理系でクラスを分けるのではなく、様々なタイプの生徒がクラスに集まる形をとっています。これは、文系、理系、体育系、芸術系など、多彩な個性を持った生徒が集まることで生まれる多様性を重視しているためです。

附属の小学校からの生徒、他の小学校から入学してくる生徒、さらに帰国生が10数名、それを均等に4つのクラスに分けます。これも、クラス内で多様性を確保しようという意図があるためです。

様々な場所で見聞を広め 思考力などを養う

校外学習

校外学習 研修旅行

中1～高2まで毎年行われる校外学習や研修旅行をとおして、見聞を広げるほかに、テーマを設定し、そのテーマについて考える力などを養います。

研修旅行

熱く燃える体育大会
発表がメインのポーロ祭

体育大会
ポーロ祭
（文化祭）

体育大会はクラスごとに縦割りとなり、4チームで熱く競いあいます。ポーロ祭は、中高とも、研修旅行や総合的な学習の内容の展示や、文化部の発表がメインです。

体育大会

ポーロ祭

総合的な学習で磨かれる
思考力、探究力、発表力

湘南白百合では、総合的な学習の時間を使って、中1～高2まで、毎年テーマを設けて事前学習や実地調査、まとめ、プレゼンテーションを行っています。

中1は入学してすぐに八景島シーパラダイスに行きます。現地集合とし、生徒たちは自分で行き先、行き方を調べ、時間までに集合します。その後、班ごとに行動するので、入学したばかりの外部生と内部生同士もグッと親密になります。また、ここでの学習を班ごとに新聞にして廊下に張り出します。

中2のテーマのひとつは「平和と命」です。「平和」は戦争体験が主題となります。夏休みに太平洋戦争を体験した方々に話を聞き、そこから学んだことを自分なりにまとめます。

また、毎年9月には中2～高2が研修旅行に行きます。中2は富士山近辺へ、中3は神戸・大阪、高1は長崎、そして、高2が京都・奈良です。旅行先によって大きなテーマが決められており、その枠組のなかから自分が調べたいことを決めて事前学習を行い、最終的な成果を10月の文化祭で発表します。

こうした機会をとおして、自分で学習

のテーマを考えて決め、そのために必要な資料を探したり、研究したりしながら、まとめ、発表していくなかで、生徒たちは考える力を養っていきます。

また、学校が用意している機会だけではなく、外部のコンクールや大会に積極的に参加し、その能力を存分に発揮している生徒が多いのも湘南白百合の特徴のひとつです。

例えば、他校の生徒と一緒にジュニアのロボットコンテストの世界大会に出場したり、ライフセービングの世界大会に出場する生徒がいたりと、先生方も気づかなかったような才能の発露を、学校全体で喜ぶことができる雰囲気が湘南白百合にはあるのです。

国際交流も積極的に行っています。これまでも毎年夏休みに希望制で17日間、語学研修をオーストラリアで実施してきました。それに加えて今夏からは、韓国・済州島にある英語村で2週間程度、他校や韓国の生徒たちと毎日英語でコミュニケーションをとるプログラムをスタートさせました。こちらも希望制で、ともに約20～40名が参加します。

恵まれた学習環境のなかで、他者を思いやる心を育てながら、自らが希望する進路を選び取ることができる学力も身につけられる湘南白百合学園中学校です。

充実の学校行事 部活動も盛ん

学校生活

クリスマスミサなど1年に数回ある大きな宗教的行事や、中高の全学年が参加する音楽コンクールなどの学校行事、加入率の高い部活動など、日々の学校生活も充実しています。

吹奏楽部

ソフトボール部

合唱コンクール

お花見

クリスマスミサ

球技大会

入試情報

平成25年度 入試結果

2月2日（土）

志願者数	286名
受験者数	267名
合格者数	156名
入学者	71名
帰国生入学者	13名
併設小学校入学者	107名
入学者総計	191名
合格者最高点	321点
合格者最低点	216点
受験者平均点	216.5点（54.1%）
合格者平均点	247.9点（62.0%）

試験科目

国語・算数（各45分）
理科・社会（各40分）

水原洋子校長先生からのアドバイス

小学生で学ぶ範囲のことをどの教科でもしっかりと身につけてください。まず基礎基本ができていることが大切です。また、本校は近年考えて解く問題を少しずつ増やしていますので、暗記だけではなく、考える力も重要になります。

今を生きる。
いよいよ
帰国生
募集開始！
詳細は
学校説明会にて
It's now or never
It's my time!

東農大三中

男女共学
90名募集

究理探新

本物に出会い、
本当にやりたい夢に近づく
6年間。

実学教育をベースに、学力・進路選択力・人間力を育てます。

2014年度入試は、
1月10日午前「総合理科」入試(1科目)を新設。

■受験生・保護者対象　体験授業・説明会 等　＊詳しくはHPをご確認ください。またはお問い合わせください。

日　時	内　容	会　場
9月17日(火) 14:00〜	説明会(予約不要)	所沢
10月 5日(土) 9:30〜	授業公開・説明会(予約不要)	本校
11月 5日(火) 10:00〜	説明会(予約不要)	大宮
11月 8日(金) 10:00〜	説明会(予約不要)	熊谷
11月24日(日) 9:30〜	入試模擬体験・説明会(HPより要予約)	本校
12月14日(土) 9:30〜	説明会(予約不要)	本校

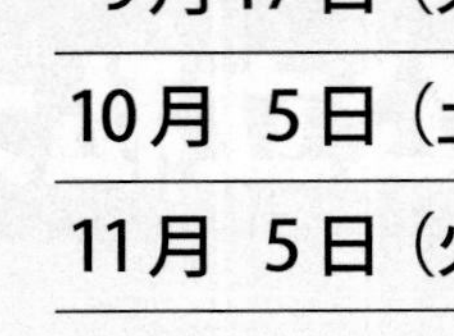

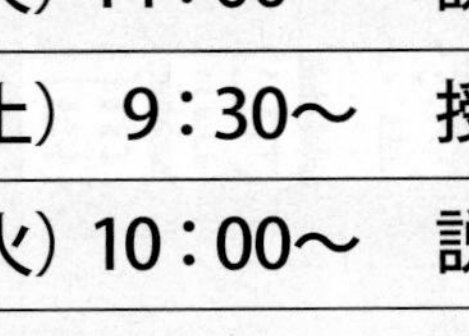

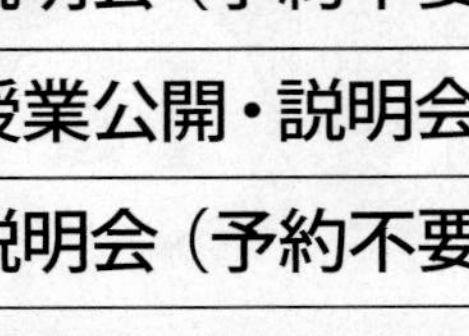

浪漫祭(文化祭)
9月21日(土)・22日(日)

東京農業大学第三高等学校附属中学校

〒355-0005 埼玉県東松山市大字松山1400-1
TEL:0493-24-4611
http://www.nodai-3-h.ed.jp

＊7駅よりスクールバス運行　東武東上線 東松山駅、JR高崎線 上尾駅・鴻巣駅・吹上駅・熊谷駅
西武新宿線 本川越駅、秩父鉄道 行田市駅

神奈川県立平塚中等教育学校

かながわから世界へはばたく次世代リーダーを

2009年に神奈川県初の公立中高一貫校として誕生した平塚中等教育学校。LIVE(生きる)、LOVE(慈しむ)、LEARN(学ぶ)という3つのLを学校理念とし独自の「かながわ次世代教養」をとおして、世界へはばたく人材を育てています。

3つのLで次世代リーダーを

神奈川県立平塚中等教育学校は、2009年に県立大原高等学校の敷地内に開校し、今年で5年目を迎えました。1期生は現在5年生（高校2年生）です。

学校理念として「生きる（Live）—深い洞察と鋭い感性—」、「慈しむ（Love）—高い志と豊かな人間性—」、「学ぶ（Learn）—幅広い教養と光る知性—」という「3つのL」を掲げ、次世代のリーダーとなれる人材、人間性が豊かで社会貢献できる人材を育てることを目指しています。

平塚の取り組みの柱のひとつに、「かながわ次世代教養」があります。これは総合的な学習の一貫として次世代のリーダーを育成し、神奈川（平塚）から日本や世界を支えていこうというものです。

具体的には、「表現コミュニケーション力」「科学・論理的思考力」「社会生活実践力」という3つの力の育成・伸長を重視した教科指導が行われています。そのなかでも、平塚では「表現コミュニケーション力」の育成に力を入れています。

授業は2学期制の45分授業で、1日7時間が基本スタイルです。後期課程は単位制になっています。6年間を3期に分け、一貫した教育を行っています。

1～2年は基礎基本を充実させる「基礎・観察期」で、1～2年のみ1クラス32名の少人数編成です。3～4年は「充実・発見期」として中高一貫の特徴を大切にし、中学と高校との間に〝線〟を引かずに学びます。そして、5～6年は「発展・伸長期」として、将来像を描きながら、次の進路を目指した取組みを行っています。

鈴木《すずき》 靖《やすし》 校長先生

『夢に向かって生きる』
そのきっかけを
本校でつかんでほしい。

6年間の体系的な学習カリキュラム

中学校段階では、学習指導要領に定められている標準時間より、週4～5時間多くの授業が行われています。その時間は国語・数学・英語にあてられ、無理なく発展的な学習をすることができています。

教科によっては、中1や中2で高校カリキュラムの内容を勉強することもあります。単に上級学年の学習範囲を先取りして勉強するのではなく、中高一貫の6年間で学ぶ体系的なカリキュラムになっています。5年次で高校課程を修了する科目もあり、6年次の1年

School Information

神奈川県立平塚中等教育学校

所在地：神奈川県平塚市大原1-13
アクセス：JR東海道本線「平塚」バス・徒歩30分、
小田急線「伊勢原」バス
生徒数：男子393名、女子391名
ＴＥＬ：0463-34-0320
Ｈ　Ｐ：http://www.hiratsuka-chuto-ss.pen-kanagawa.ed.jp/

間は体系的に復習し、さらに深い発展的な学習が行われます。

数学と英語では習熟度別授業を取り入れ、段階に応じた学習を少人数で行い、論理的思考力の育成に力を入れています。今年は3年生以降の学年で、英語と数学は全て習熟度別で行われています。来年度以降は2年生を4クラスにして、習熟度別授業を充実させていく予定です。

また、朝のショートホームルームの前に、"モーニングタイム"という10分間の「朝の読書活動」も行われています。

このほか、3年と4年で2泊3日の勉強合宿が行われています。「中高一貫教育では高校受験という大きな山を越えることがないので、ひとつの緊張感をつくりだすことが目的のひとつです」と鈴木靖校長先生。この合宿では"真の学び"を体験するために、授業を含めて1日10時間の勉強に挑戦します。

10時間の勉強をこなすことで、「10時間も勉強できた」という自信と達成感を身につけさせる狙いがあります。

4年次でも実施される理由は、高校段階に入って10時間という長時間に渡る勉強時間を乗り切り、自分の進路となる大学進学を意識させるためでもあります。

また、授業や行事などに「表現コミュニケーション力」「科学・論理的思考力」「社会生活実践力」の3つの力を育成するカリキュラムが横断的に組み込まれており、「キャリア教育グランドデザイン」として掲げられています。

例えば、力を入れている「表現コミュニケーション力」の学びは、授業や特別活動などのあらゆる場面にあり、1年生からグループや個人で発表する機会が多く設けられています。

そのほか、文化祭や学習成果発表会、弁論大会や課題研究の発表など、クラスごとに発表があり、優秀者は全校生徒の前で発表します。

生徒はこうした発表を見聞きすることで、自分の考えをまとめて発表することの大切さを受けとめます。

かながわから日本へ 日本から世界へ

「かながわ次世代教養」では、「伝統文化・歴史」、「地球環境」、「英語コミュニケーション」、「ＩＴ活用」の4分野を、かながわの地域の特性を活かしながら体系的に学びます。そうすることで、未知の事態や新しい状況に対応できる力を養うことを目的としています。

平塚では、この4分野を1〜6年まで週2時間ずつ学んでいきます。1年次は自分でプログラミングまでするロボットを作ります。2年次は地球環境について学ぶ講演会に参加します。また、2泊3日で英語だけを使って過ごすイングリッシュキャンプなど、授業だけではなく、様々な行事をとおして各学年で好奇心を育み、子どもたちの世界を広げていく取り組みが行われています。そして、最終的に6年次で卒業論文をまとめていくことになります。

また、国際社会で活躍するためには、英語が使えるようになることはもちろん、自国の伝統文化を知ることが必要不可欠だと考えています。1年生で地域の伝統芸能である相模人形芝居体験、2年生で鎌倉の歴史探訪、3年生で京都・

翠星祭　体育部門

翠星祭　文化部門

奈良の伝統文化に触れます。また、百人一首大会や歌舞伎見学なども行われます。

このようにして、身近なところから日本の伝統文化を知り、4年生のイギリス語学研修（希望制）や5年生全員が参加するグアムでの平和学習、国際交流活動につなげていきます。

最後に、どのような生徒に入学してもらいたいか、鈴木校長先生に伺いました。

「私は日頃、『夢を2つ、3つ持ってほしい』と話しています。入学時は、まだ中学生なので、自分でも自分のことが分からないと思いますし、夢が見つからない生徒もいるでしょう。『夢に向かって生きる』、そのきっかけをここでつかんでほしいのです。

夢はこの学校だけで達成できるものではありません。将来に向けてやりたいことを追い求めて挑戦する、チャレンジャーになってほしいですね。

本校は、成長段階に合わせた夢を見つけるための入口が、いつでも、どこにでも見つかる学校です。6年間をとおして、そのような仕組みがあり、入学してくれた生徒たちには、その手伝いをしてあげたいと思っています」

相模人形芝居

歩行大会

Check!

2013年度 入試情報・結果 ※終了しています

募集区分

一般枠

募集定員

男子80名　女子80名

応募人数

男子407名　女子488名

競争率

男子5.01　女子5.99

検査実施日

2月3日

検査内容

適性検査Ⅰ（45分）、適性検査Ⅱ（45分）、グループ活動による検査（40分）

グループ活動による検査

男女別に８人程度のグループで行われ、課題をふまえて40分で検査されます。「与えられた課題について、自分の意見をまとめたあと、グループでの話し合いや作業を行うことで、集団のなかで人間関係を構築する基礎的な力と中等教育学校で学ぼうとする意欲や目的意識を見る」ことが狙いです。

この1校!

共立女子中学校

KYORITSU GIRLS' Junior High School

東 京　千代田区　女子校

中学関西修学旅行

共立女子では、中3の6月初旬に奈良・京都への修学旅行が実施されます。事前の各教科授業で学習を行い、単なる観光や遊びだけに留まらないところがポイント。今回は新聞委員会委員長である飯田さんに3泊4日の旅日記をお願いしました。

1日目

1日目のメインはなんといっても飛鳥でのサイクリングです。3人から5人の班に分かれて、自転車で自分たちが選んだ見学ポイントを回ります。飛鳥寺では、飛鳥大仏を前にしてお寺の方がとても興味深いお話を聞かせてくださいました。友人たちと、自然あふれる飛鳥の地を自転車で走り抜けると、とてもすがすがしい気持ちになりました。

その後は宿泊地の多武峰《とうのみね》へ向かいます。1日の終わりを飾る夕食は義経鍋。水炊きと焼き肉を同時に楽しめる義経鍋をみんなで囲むと1日の疲れも吹き飛びました。

2日目

2日目は、たくさんの国宝や重要文化財を見学することができました。あちこち回るため移動時間は長かったのですが、バスガイドさんが楽しくてためになるお話を色々としてくださったので、バスのなかでも充実した時間を過ごせました。お昼ご飯は奈良名物の「柿の葉ずし」です。柿の葉でくるまれたお寿司は、ほんのり柿の葉の香りがしてとてもおいしかったです。

奈良公園を歩いていると、驚くほど鹿がいて、私たちの手から鹿せんべいを食べてくれました。興福寺の国宝館には、有名な阿修羅像をはじめ、少しおどけた表情がかわいらしい天燈鬼・竜燈鬼像や、頭部だけが残る旧山田寺の仏頭など授業で学んださまざまな文化財がありました。どれも写真では見ていた仏像ですが、実際に見ると強く心に残るものばかりでした。

3日目

3日目はこれまで宿泊していた奈良を離れ、京都に向かいました。京都に着くと、まず慈照寺銀閣の見学です。銀閣は建物だけでなく、お庭がきれいで楽しめました。清水ではグループに分かれて昼食や自由散策の時間があります。お店が立ち並んでにぎやかな清水は見ているだけで楽しい場所でした。自分や家族に京都らしいお土産を買っていると、あっという間に集合時間です。

次に取り組んだ清水焼の絵付け体験では、小皿やコップに絵を描

School data!

共立女子中学校

KYORITSU GIRLS' Junior High School

所在地■東京都千代田区一ツ橋2-2-1
アクセス■都営三田線・新宿線・地下鉄半蔵門線「神保町」徒歩３分、地下鉄東西線「竹橋」徒歩５分、JR線「水道橋」徒歩15分
生徒数■女子のみ993名　電話■03-3237-2744

きました。小筆で5色の色を使って絵を付けるのは緊張しましたが、完成したときはことばで表せないほどの達成感を得られました。焼き上がりが楽しみです。

その後に行った清水寺では、あの有名な清水の舞台から緑あふれる京都の景色が一望できました。

４日目

午前中は広隆寺で、国宝第1号である弥勒菩薩半跏思惟を見学しました。足を組んで、右手をほほにあてながら何か考えていらっしゃる様子の仏像には独特の存在感がありました。

修学旅行最後の行程は、グループに分かれての嵯峨野散策です。天龍寺や落柿舎など5つのチェックポイントを回った後は、嵐山付近で自由時間を楽しみました。旅の最後に京都ならではの食べ物や工芸品を買ったり、京都の方々とお話をしたりと、普段ではなかなかできないことを経験することができました。

最後に、学年主任の松ヶ枝先生に今回の旅行の感想をお話し頂きました。

関西修学旅行を終えて

修学旅行最初のサイクリング。出発前は不安な空模様でしたが、無事に実施できて、順調な滑り出しでした。時間指定で動く団体行動は、出発時間にはほとんど遅れることなく行動でき、見学地では許される限りの時間を使ってじっくり見学するなど、とても有意義な修学旅行になったと思います。奈良・京都ではその土地の食べ物や人々の優しさに触れるとともに、その土地ならではの食事に舌鼓を打っていたのが印象的でした。学校生活では知らなかった友達の長所など、再発見が多々あったようです。また友達同士での自由行動は、思う存分楽しんでいた様子がうかがえました。清水焼の絵付けは生徒それぞれの図柄を描き、世界に一つだけの自分の作品に満足げな表情を浮かべていました。この旅行でのさまざまな経験を今後に活かし、高校生への足がかりにして欲しいと願っています。

Dokkyo Saitama Junior High School

自ら考え、判断することの出来る若者を育てる。

かつて、だれもみたことのない新しい大地を発見しようと夢見た探検家がいました。夢をかなえるためには、「自分で考え、判断することのできる力」が何より必要になります。一人でも多く、そうした若者を育てたい。これが私達獨協埼玉の願いです。

■中学校説明会■

9月29日（日）10：00～
10月27日（日）10：00～
11月23日（土祝）10：00～
12月15日（日）10：00～

■学校祭（蛙鳴祭）■

9月21日（土）・22日（日）
10：00～15：00
（中学ミニ説明会）21日（土）13：00～

■体育祭■

10月26日（土）10：00～15：00

獨協学園
獨協埼玉中学校

〒343-0037 埼玉県越谷市恩間新田寺前316　代表:048-977-5441

《交通》
東京メトロ日比谷線・半蔵門線乗り入れ
東武スカイツリーライン「せんげん台」駅西口
下車バス5分

http://www.dokkyo-saitama.ed.jp/

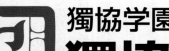

案内役も生徒が務めます。

Go!Go!志望校 第13回

生徒や先生と楽しくふれあえる

横浜雙葉中学校「オープンキャンパス」

ごまクッキーを調理中。
おいしそうな香りが漂っていました。

7月19日に横浜雙葉中学校の「オープンキャンパス7月」が開催されました。学校の雰囲気を実際に体感してもらうことを目的に、毎年1学期終業日の午後に開催されています。

このオープンキャンパスでは、在校生とともに体験できる様々なプログラムが組まれており、昨年からは小学6年生向けの授業体験プログラムも始まりました。当日は多くの参加者を迎えるため、中・高合わせて900名近くの在校生と全職員がイベントを盛り上げていました。この全校をあげた歓迎体制はオープンキャンパスの見どころのひとつであり、広報部長の東昌子先生は「それぞれのイベントをとおして、生徒や先生の生の声や、生徒と先生のかかわり方を実感していただきたいです」と話されました。

学校の雰囲気を味わえる多くのプログラム

オープンキャンパスでは、実に多くのプログラムが開講されていました。その一部をご紹介します。

家庭部では「楽しくお菓子づくりをしよう」というプログラムを実施していました。部員がつくったエプロンを参加者の小学生に貸し出し、部員がサポートしながら一緒に楽しくごまクッキーをつくっていました。つくったクッキーを、隣の試食室では、保護者と美味しそうに食べていました。

聖堂での聖歌隊コンサート。

音楽部は説明会でも歌声を披露。

器楽部や聖歌隊、音楽部はコンサートを開催。校内で一番部員数が多いという器楽部は、迫力のある音色を響かせ、プロの声楽の先生に指導を受けている聖歌隊は、ラテン語の本格的な聖歌を披露していました。音楽部はコンサートのほかに、体験プログラムと並行して行われた説明会でも校歌と学園歌を合唱していました。

また、バレーボール部やバスケットボール部、テニス部といった運動部では、実際にボールやラケットを使って体験することができます。部員は小学生一人ひとりに丁寧な指導をし、参加者のみなさんは楽しそうに身体を動かしていました。バスケットボール部の生徒は、「小学生のみなさんは元気よくたくさんシュー

プログラム「点字のしおりをつくりましょう」
つくったしおりはおみやげです。

英語部のカードづくり。
先生は参加者と英語で会話します。

暑さに負けず、
元気に身体を
動かしていました。

保護者からの質問にも生徒が対応。

トを打ってくれるので、私たちも楽しかったです」と話していました。

　昨年度から始まった小6向けの授業体験プログラムは今回、国語・数学・理科・家庭科の４教科で実施され、国語科では「俳句で知る雙葉」というテーマで授業を展開。在校生が書いた過去の作品を紹介しながら、俳句の穴埋めクイズが行われました。国語科の先生によると、正解がこれと決まっているわけではなく、自由に考えてもらうことが目的で、本来の正解以外の答えを入れ、新しい俳句ができあがるのも楽しい瞬間だそうです。

　参加者と在校生のかかわりを大切にする横浜雙葉のオープンキャンパスでは、質問コーナーの担当や案内係も生徒が務めます。「このコーナーは有志を募って行っていますが、参加者からの評判もいいんですよ」と東昌子先生。

　参加された保護者の方にお話を伺うと、「生徒さんも先生方も、みなさん丁寧で親切でした。あたたかい気持ちで迎えてくださって、とてもよかったです」と話されました。

　生徒や先生と直接ふれあうことができ、学校の雰囲気を存分に味わえる横浜雙葉中学校のオープンキャンパス。ぜひ一度足を運んでみてはいかがでしょうか。

国語の授業は穴埋めクイズを実施。

「数のヒミツ」をテーマにした数学の授業。
みなさん熱心でした。

School Data

横浜雙葉中学校

所在地：神奈川県横浜市中区山手町88
アクセス：みなとみらい線「元町・中華街」徒歩6分、JR京浜東北線（根岸線）「石川町」徒歩13分
ＴＥＬ：045-641-1004
ホームページ：http://www.yokohamafutaba.ed.jp/

オープンキャンパスで大人気の
絵馬づくり。担当は美術部です。

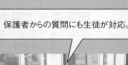

全員集合

部活に注目!

発足当時は同好会として活動していたミュージカル研究部。実績を積み、部に昇格したあとも、迫力ある歌声と華麗なダンスで観客を魅了し続けています。公演作品決めから衣装づくりまで、部員が主体となって公演をつくりあげています。

田園調布《でんえんちょうふ》学園中等部・高等部

ミュージカル研究部

中等部代表　中学3年生
小﨑《こざき》 瞳《ひとみ》さん

演じることを自ら楽しみ観に来た人も楽しませる

——ミュージカル研究部の活動について教えてください。

「ミュージカル研究部」という名前ですが、研究活動は行っておらず、ミュージカルの上演を中高合同で行っている部活です。

練習は週に2日、教室や講堂で行っています。土曜プログラムが年に12回あるので、土曜プログラムがある場合はその日も練習日になります。春休み・夏休み・冬休みは週3〜4日程度の練習です。

主な活動は、なでしこ祭（文化祭）や新入生歓迎会での公演で、これらは約3カ月の練習期間を要します。公演が控えている場合は公演の練習に専念し、それがない時は基礎練

田園調布学園中等部・高等部〈女子校〉

所在地：東京都世田谷区東玉川2-21-8
アクセス：東急東横線・目黒線「田園調布」徒歩8分、東急池上線「雪が谷大塚」徒歩10分
電　話：03-3727-6121
ＵＲＬ：http://www.chofu.ed.jp/

△前列右から2番目が小﨑さん

▽2013年度新入生歓迎会公演の集合写真

△教室で「オペラ座の怪人」を練習中です

◁スタッフのみなさんは舞台で使用する幕を縫っていました

▷教室練習のあとは広い講堂に移り練習を続けます

Musical Club

習で表現力を磨きます。基礎練習は、既成のミュージカル曲の歌を練習したり、振り付けを各自で考えたりし、1日の練習の最後に高2の先輩の前で発表します。

――今までどのような作品を披露してきましたか。

なでしこ祭では、既成のミュージカルを自分たちでアレンジしたものを披露します。一昨年は「雨に唄えば」、昨年は「マンマ・ミーア！」、そして今年は「オペラ座の怪人」の公演を予定しているので、現在練習中です。公演作品は毎年高2の先輩が決めています。

新入生歓迎会では、高2の先輩が決めたテーマに沿って、様々なミュージカルから曲を集め、歌とダンスのショーとして披露します。今年のテーマは「アトラクティブステージ」でした。男役のかっこいいダンス、女役のみのラインダンスなどを披露しました。

――配役はどう決めるのですか。

配役はオーディションで決めます。どの役を志望するかは自由で、誰でもオーディションを受けることができるので、中1が舞台に立つことも可能です。私も中1の時になでしこ祭の舞台に立ちましたが、初めて舞台に立った時の楽しさは今でも忘れられません。

一方、役に志望しなかったり、志望しても選ばれなかった子はスタッフとして活動します。衣装や幕、装置などを作成し、裏方として公演を支えます。スタッフとして活動したこともありますが、よい作品をつくることができた時はとてもうれしかったです。

――最後にミュージカル研究部の魅力について教えてください。

先輩と後輩の仲がよいことが自慢です。学年を越えてみんなでひとつの作品をつくることによって一体感が生まれますし、公演後は達成感も味わえます。また、舞台上で歌ったり踊ったりすることを自分自身が楽しめることも大きな魅力です。

◁△舞台上だけでなく客席やフロアでも歌い踊ります

私学の図書館

ただいま貸し出し中

みなさん、読書は好きですか？今回は、各中学校の先生方から「読書の秋だからこそ読んでもらいたい本」をご紹介いただきました。ぜひ一度、読んでみてください。

ラ・サール中学校

幕末から明治の京都が舞台。七つの短編の主人公はいずれも少年。汗して働き、行く道に迷いながら懸命に生きる姿が描かれています。死ぬほど辛い環境や定めに泣いても、必ず「生きる」方向に足を踏み出し、頭をもたげ、視線を遠くに向ける。心を奮い立たされ、励まされる作品です。（副校長　谷口　哲生 先生）

「なまくら」

著　者：吉橋　通夫
価　格：580 円（税込）
出版元：講談社
※品切れ重版未定

幕末、そして明治。京で生きる 嵐の世を生きる若者たちを描く時代小説短編集。
故郷を離れ、砥石運びの仕事をしていた矢吉は幼なじみのトメと再会するが……。表題作の他、幕末から明治の京の周辺、若いというには、あまりに年少の者たちの、汗して働き、行く道に迷う懸命の日々を描いた珠玉の時代小説短編集。解説者あさのあつこ氏絶賛の名作が文庫化。第43回野間児童文芸賞受賞。

中学・高校併用の学園図書館として、桜島が一望できる本館4階にあり、6教室分の広さです。自習・閲覧スペース138席、蔵書約50,000冊（特に自然科学関係の本が充実しています）で、大学入試問題集や雑誌類も数多く取りそろえています。昼休みや放課後は、大勢の生徒が利用しています。

大宮開成中学校

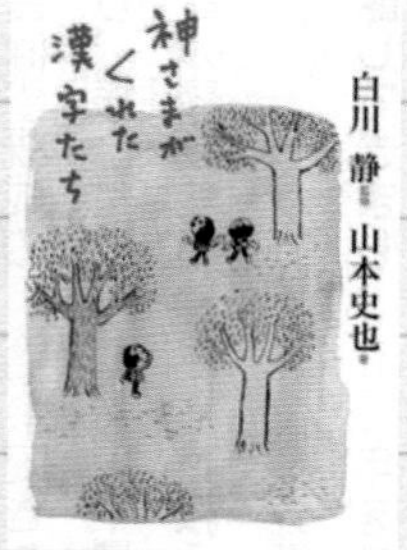

白川静の漢字学入門書としてオススメです。漢字の誕生が神話のように語られ、とても読みやすいです。漢字について色々と調べたくなると思います。（教務部長　高橋　光 先生）

「神さまがくれた漢字たち」

著　者：山本　史也
監　修：白川　静
価　格：1,260 円（税込）
出版元：イースト・プレス

学校ではけっして学べない、本当の漢字のお話です。
人間と自然、そして神さまとの豊かな関係から生まれた漢字。これまでの漢字を見る目が180度変わる、刺激的な物語。

本校の蔵書は約30,000冊。座席は78席あり、静かに調べ物ができる環境です。また、図書委員も『図書の扉』を定期的に発行し、本の紹介などを活発に行っています。

順天中学校

高知県、「四万十川」沿いの集落で暮らす少年「篤義《あつよし》」をとりまく日常の物語です。飼い猫に対する愛情や家族への思い、兄弟への思い、四万十川ならではの鰻漁、学校生活、友人との交流など、素朴な生活の中からさまざまな人の「こころ」を読み取ってください。
（教頭　油浅　要二 先生）

「四万十川」

著　者：笹山　久三
価　格：525 円（税込）
出版元：河出書房新社　刊

貧しくも温かな家族に見守られて育つ少年・篤義。その夏、彼は小猫の生命を救い、同級の女の子をいじめから守るために立ちあがった……。みずみずしい抒情の中に人間の絆を問う、第二十四回文藝賞受賞作。

33,000冊の蔵書規模を誇る図書館です。平日は2週間で5冊まで貸し出しが可能です。吹き抜けの上階には個別学習室があり、70名が学習できる個人ブースがあります。図書館と個別学習室を上下に配置することにより、機能的な調べ学習なども可能です。

大妻多摩中学校

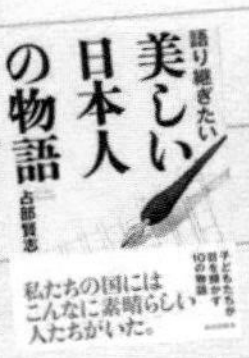

「語り継ぎたい美しい日本人の物語」

著　者：占部　賢志
価　格：1,470円（税込）
出版元：致知出版社

月刊『致知』好評連載中の「語り継ぎたい美しい日本人の物語」が1冊の本になりました。関連年表や、主要語句への解説が新たに加わるなど内容がさらに充実しました。また、竹中俊裕氏の挿絵が物語に花を添えてくれます。

世界に誇ることができる、立派な日本人による、立派な行いの記録。本校ではトルコセミナーを実施していますが、日本とトルコの感動的な話も収められています。ぜひ読んでみてください。
（入試広報部長　伊藤　正彦 先生）

「子供に読み聞かせたい日本人の物語」

著　者：占部　賢志
価　格：1,680円（税込）
出版元：致知出版社

本書は約4年にわたり月刊誌『致知』で掲載された好評連載「語り継ぎたい美しい日本人の物語」の中から、心揺さぶる二十五の感動実話を収録したものです。

大妻多摩中学には図書室が1つあります。生徒たちは本を借りるだけでなく、調べ学習や自習室としても活用しているので、少々手狭です。しかし、同じキャンパス内に大妻女子大学の大きな図書館もあり、そちらも利用できるので、大学図書館を利用する生徒も多いです。

栄光学園中学校

「小公女」

著　者：フランシス・ホジソン・バーネット
訳　：高楼　方子
画　：エセル・フランクリン・ベッツ
価　格：2,415円（税込）
出版元：福音館書店

父の急逝により、貧しい暮らしを強いられる少女セーラ。持ち前の想像力を働かせ、気高く果敢に生きようとします。読み継がれた古典が、生き生きとした訳文を得て甦る！

福音館書店が1968年から刊行し続けているのが、「古典童話シリーズ」です。2011年には「小公女」が41番目の本として発刊されました。美しい装丁と見事な挿絵による重厚なつくりで、手に取って眺めているだけでも楽しい本です。「童話」となっていますが、どれも昔から愛されてきた古典作品であり、本学園でも多くの生徒が読んでいます。
（国語科担当　小谷　桂 先生）

栄光学園には、複合校舎の2階と3階部分に、約58,000冊の蔵書を有する図書館があります。中高生向けの本を中心に、専門的な本や映像資料なども備えています。生徒図書委員会によるさまざまな活動が活発に行われています。

大妻中野中学校

「なぜ飼い犬に手をかまれるのか～動物たちの言い分」

著　者：日高　敏隆
価　格：861円（税込）
出版元：PHP研究所

日本を代表する動物行動学者である著者は、少年のころより生きものや自然とふれあいながら、じつにたくさんの疑問を胸のうちに暖めてきた。身近な犬や猫の行動から、チョウやホタル、さまざまな虫たちの行動まで、深い関心を寄せ、疑問を解いていこうとする珠玉のエッセイ集。

みなさんが日々の生活の中で出会う出来事や、学校や塾で一所懸命に学ぶ言葉や現象。動物行動学者である著者が、生き物や自然とふれあう中で発見したことを分かりやすく語っています。もう一歩奥まで観察すると「深く知る」ことにつながり、意欲がわく一冊です。
（入試広報部　主幹　諸橋　隆男 先生）

校門をくぐると、すぐそこは図書室。自然光を感じる明るい部屋には、約40,000冊の蔵書。妻中の「知的空間」には、新聞・雑誌・話題の新刊から古典の名著・洋書までそろいます。いつでも利用できるノートPCも8台。知的好奇心に満ちた「知りたい」妻中生が今日も自学自習中です。

八王子学園八王子中学校

「池上彰と学ぶメディアのめ」

著　者：NHK「メディアのめ」制作班、池上 彰
価　格：1,365円（税込）
出版元：NHK出版

テレビ、雑誌、ゲーム、インターネット、携帯電話など、私たちの身近にある様々なメディアとの上手な付き合い方をわかりやすく解説。出版・映像・広告など、いろいろなジャンルの制作現場を紹介しながら、その特性や魅力、時には注意が必要な一面を知って、情報を楽しく積極的に使いこなす力を育てます。

「メディア」とは、テレビ、雑誌、インターネットなど、身近なものばかりです。だからこそ、しっかり読み取る力がないと、誤解したり、失敗したりしてしまいます。この本では、実際に出会うメディアがどのようにして作られ、わたしたちの元に届くのかを知ることができます。例えば新聞記事。同じ野球の試合でも、どちらを応援しているかで全く違う記事になることがわかります。（司書教諭　青野　由美 先生）

図書館には、話題の本から学習用の本まで約50,000冊の図書と、ほとんどのクラブに対応した54種類の雑誌があります。3名の司書／司書教諭がいつでも「こんなことが知りたいけど、どんな本を読んだらいい？」「おすすめの本はありますか？」といった相談にのっています。朗読会や読書会など、図書委員会活動も盛んです。

Jissen Joshi Gakuen Junior & Senior High School

実践女子学園 中学校 高等学校

東京 ／ 渋谷区 ／ 女子校

『3プラス1』の成果

渋谷駅から徒歩10分、表参道駅から徒歩12分の閑静で緑豊かな文教地区に位置する実践女子学園中学校高等学校。周辺には青山学院、国学院大学、常陸宮邸などがあり、安全で快適な教育環境が保たれています。

大学合格実績の充実

『3プラス1』による実践女子学園の学力改革の目的は、授業、学校行事、クラブ活動、生徒会活動など、すべての教育活動を通して、受動的学習による知識のインプットと、能動的学習による知識のアウトプットを縦糸と横糸のように組み合わせ、学力と知力の相乗効果によって生まれる実践的学力の養成です。

その成果として、下表グラフにあるように、ここ数年、飛躍的に伸びている難関大学への合格実績が挙げられます。

平成25年度においては、早慶上理の合格実績は平成23年度の5・9倍、MARCHG以上の合格実績では、平成23年度の2・6倍になっており、この結果こそ、これまで実践女子学園が推し進めてきた『3プラス1』による総合的教育力の成果といえます。

また、実践女子学園の『知力への昇華を目指す学力改革』において、大学受験というハードルは、受験だけで終わらない知識習得の貴重な機会だと捉えており、「25年後の私」を実現するための人間力の基礎となればよいと考えています。

多様化する進路選択

大学合格実績の伸長と同時に、近年は理系分野への進路希望者が増加傾向にあります。平成25年度入試では、さらにこの傾向が高まり、理・工・バイオ・医療・保健・看護などの分野の合格実績の増加が顕著に現れました。

また、社会への関心の広がりから、経済・商・経営・国際関係などの分野への志望も増加しています。

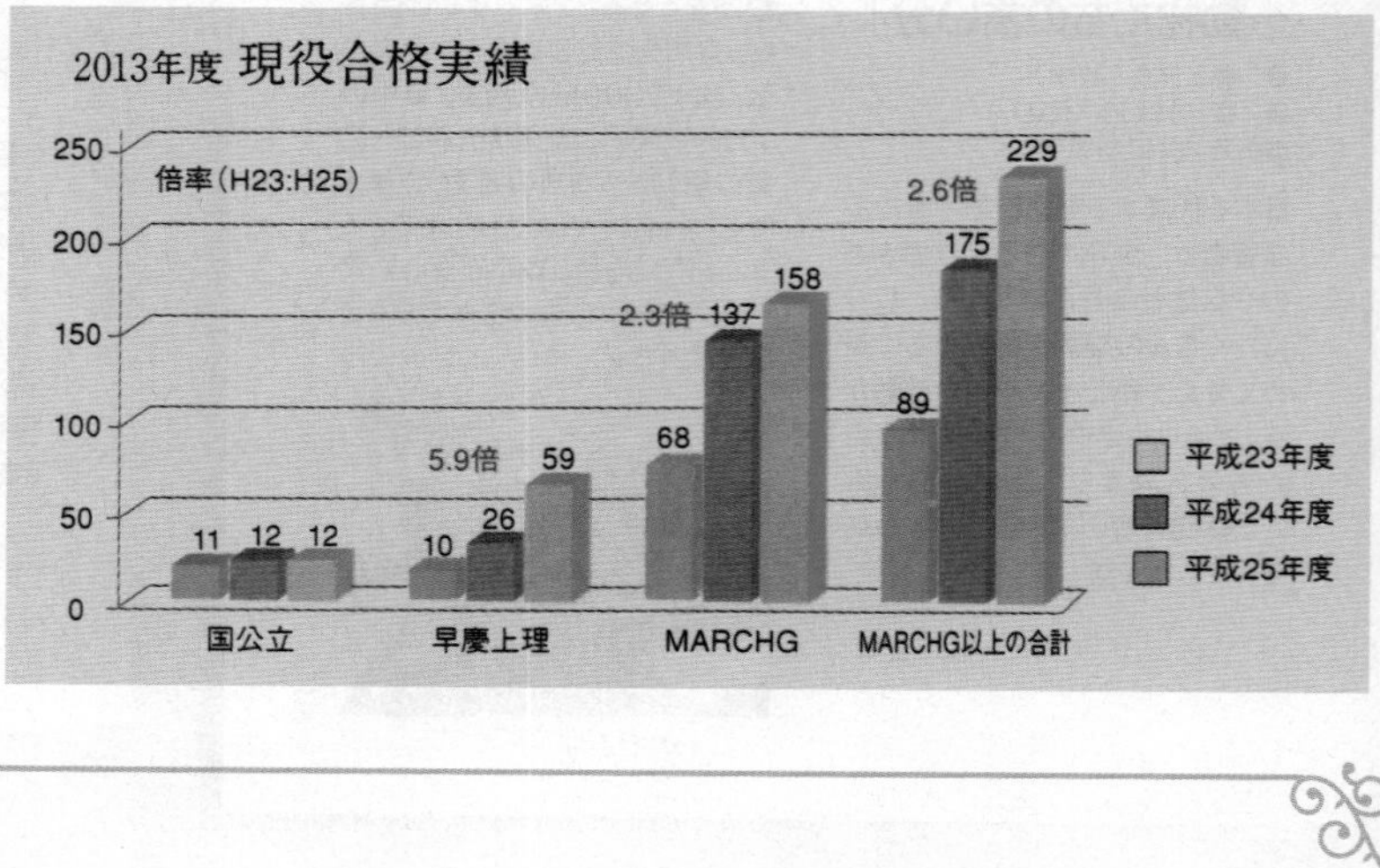

このような進路選択の多様化は、伝統的女子教育の成果を踏まえ、「25年後の私を考える」ことを目標としたキャリア教育の推進によりもたらされたものです。

特に、キャリア教育の一環として、高校1年生の前期に制作する「25年後の世界と私」のレポートは、自らのライフデザインを実現するための重要な基礎となり、生徒の心に深く刻み込まれます。

『25年後の世界と私』～社会の関わりから～

「社会的テーマの調べ学習」の内容	社会的課題の解決と私のデザイン(要旨)
「未来の医療と少子高齢化」 25年後の医療は「病気になったら治療する」から「発症を予測し、抑え込む」医療へと転換し、健康寿命が延長する。	医療の進歩による健康寿命の延長は、社会保障費の削減や雇用問題の解決とも関連している。私は、日本が元気で活発な豊かな国になることを意識して社会で働く。
「法律家になり人々を幸せにする未来」 他人の人生を左右するような判断をする裁判に冤罪が多い。法に基づいた罪を裁くための仕事を道筋立てて理論的に担う必要がある。	検察官になり、誠意をもって取り組み、冤罪事件だけは起こしてはならない。公平、公正に物事を判断できるような人間になりたい。一人でも多くの人を幸せに導けるような人間になりたい。

課題探究学習の成果

『3プラス1』のもう一つの成果として、外部プログラムへの積極的な参加とその実績が挙げられます。

特に、国連大学で行われる「全日本高校模擬国連大会」では、２０１１年・２０１２年と2年連続で優秀賞を受賞し、ニューヨークで開催された世界大会へ日本代表5校の1校として派遣されました。驚くことに、今年の世界大会に派遣された生徒は、ハイレベルな英語教育を行うGSCの生徒ではなく、一般クラスであるSJC（スタンダード実践クラス）の生徒ということです。

これは、実践女子学園が行っている英語教育が、GSCだけに特化しているものではなく、SJCを含めた全クラスを対象としたハイレベルな教育だということが伺えます。

また、もう一つのユニークな取り組みが「クエストカップ全国大会（企業プレゼンテーション部門）」への参加です。実在の企業から出されたミッションに答えていくもので、1年間の取り組みを企業にプレゼンテーションします。平成22年のグランプリ受賞を始めとして、平成23年企業賞、平成24年優秀賞と毎年素晴らしい成果を挙げています。

ユニークな合否判定

実践女子学園の入試は、SJCとGSCに、それぞれ帰国生入試と一般入試があり、出題傾向や難易度はすべて同等です。英語圏での海外生活が長い生徒でも、GSCではなくSJCを受験する生徒が少なくないことも特徴の一つです。帰国生入試の志願者が多いことでも知られており、毎年１００名を超える帰国生志願者を集めています。

また、合否判定の特色として「いいとこ取り判定」があります。これは、SJCの第1回入試と第2回入試を同時出願した場合、第2回入試の判定においては、第1回入試と第2回入試のうち各科目の高い方の得点の合計で合否を判定します。これは実践女子学園を第一志望とする受験生にとっては大変有効な判定方法となります。

また、２０１４年4月に、現在日野にある実践女子大学文学部と人間学部、および短期大学の一部が、中高と隣接する渋谷キャンパスに戻ってきます。これにより、高大連携がさらに活発となり、よりハイレベルな教育が生み出される環境が整うことになります。

実践女子学園
中学校高等学校
Jissen Joshi Gakuen
Junior&Senior High School

〒150-0011
東京都渋谷区東1-1-11
TEL.03-3409-1771
FAX.03-3409-1728

《学校説明会》
10月12日（土） 13:00～15:30
11月19日（火） 10:30～12:30
12月14日（土） 10:00～12:30
1月11日（土） 10:30～12:30

《ときわ祭》
10月26日（土）・27日（日）
9：00～16:00
※両日とも進学相談室を開設

Yamawaki Renaissance

躍進！山脇ルネサンス

最高品質の教育施設をつくり、最高水準の教育を行います。

躍進する山脇ルネサンス

山脇学園は今年110周年を迎えました。創立より受け継がれてきた「女性の本質を磨き、いつの時代にも適応できる教養高き女性の育成」という建学の精神を大切に継承し、女子教育にあたってきました。これを礎としながら、現代社会の要請に耳を傾け、21世紀で活躍できる女性の育成を目指した、新たな針路が「山脇ルネサンス」です。現代社会で活躍できる女性の力を「自己知・社会知」をベースとした「学力」「自己啓発力」「協働力」とし、これらの力を有機的に育む様々な教育プログラムと、これを実現する新しい施設が次々と完成しています。

志を育む2つのアイランドと教育プログラム

山脇学園では、生徒一人ひとりの自己知と社会知の上に、現代社会の様々な課題の解決に挑戦し、社会に貢献しようとする〝志〟を育てることを、大きな教育目標としています。中1～高2の総合学習では、明確な目標を定めたプログラムを実施し、大学での学びへの意欲を身につけるとともに、自分の特性を認識した上で、確固たる信念をもって進路決定ができる生徒を育てています。

この柱となるのが、「イングリッシュアイランド（EⅠ）」と「サイエンスアイランド（SⅠ）」という2つの施設での教育プログラムです。

EⅠとは、英語圏の文化を感じさせる特別な空間にネイティブが常駐し、留学して学んでいる環境を疑似体験しながら英語力を磨き、国際交流活動を行う施設。中学ではここで「イングリッシュアイランドステイ」という英語コミュニケーションの授業で、毎時間グループワークやプレゼンテーションなどを通して、生きた英語を身につけています。放課後にはEⅠでネイティブとの交流や様々なイベントを実施し、時には外国人留学生も遊びに来てくれて、楽しい国際交流の場となっています。

今年度よりこのEⅠで、中3希望者を対象に「英語チャレンジプログラム」が実施されています。将来国際社会で活躍する志を持つ生徒たちのHRクラスをEⅠ内に設置し、日常生活をできる限り英語で行うことで英会話力を飛躍的に向上させるプログラムです。この1年間の成果を試すために、3月にはイギリスへの語学研修旅行を実施します。

またSⅠとは、科学的探究心を育む広大な実験・研究エリアで、中学生はここで「サイエンティスト」という実験の授業を行っています。屋外実験場のほか、新たに充実した実験装置を備えた、生物・科学系の2つの継続実験室も完成しました。今年度よりこのSⅠで、高度理系専門職への志を持つ中3の希望者を対象とした「科学的探

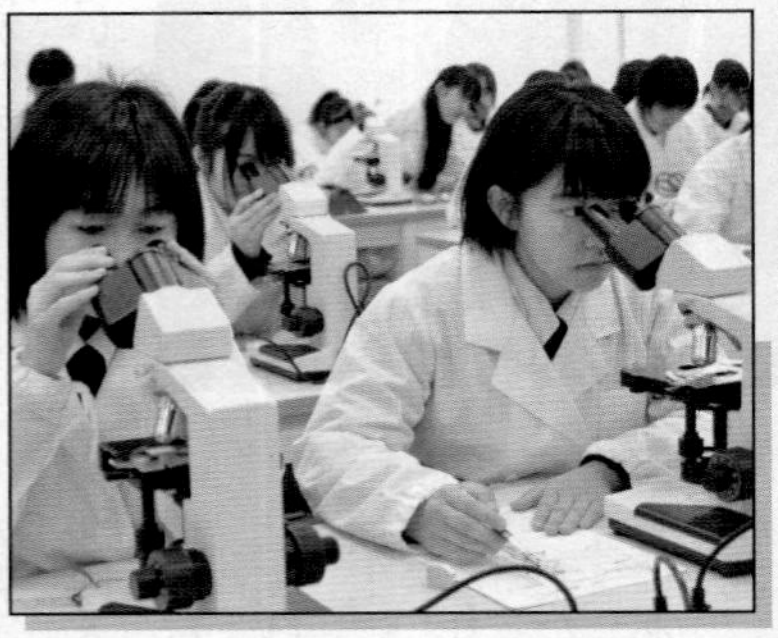

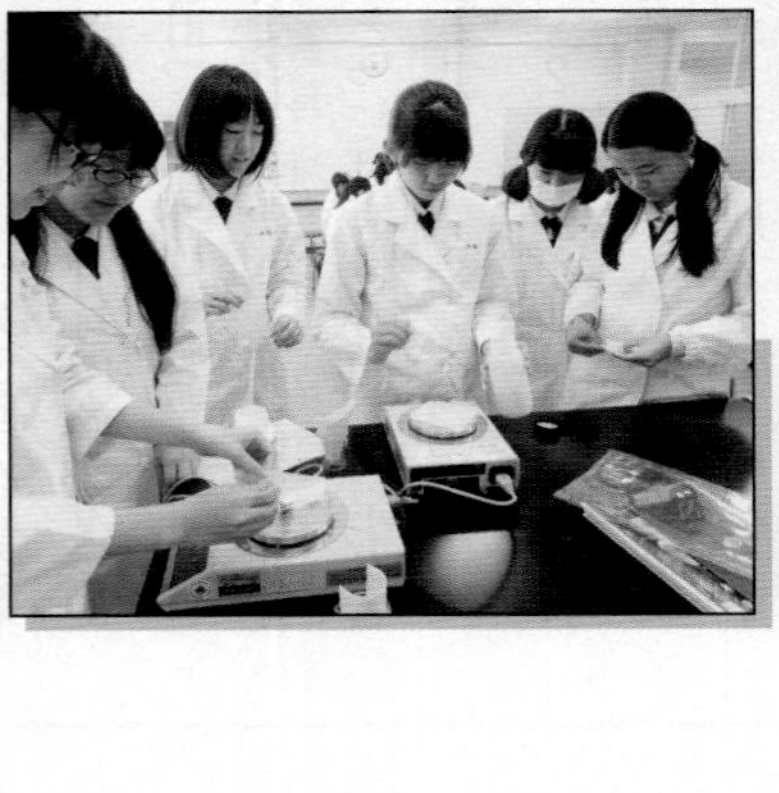

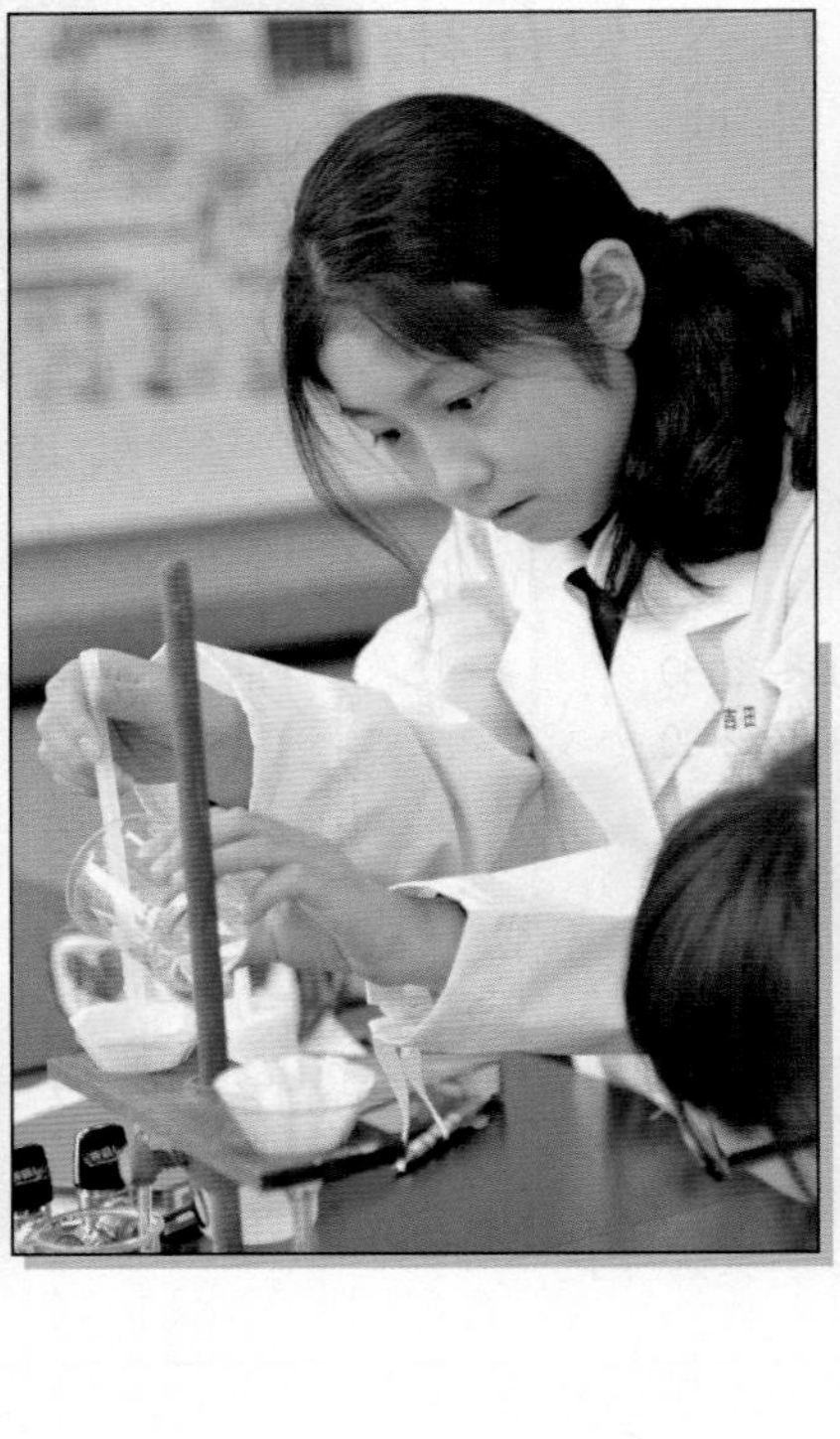

山脇学園中学校・高等学校

YAMAWAKI GAKUEN Junior High School

究プログラム」がスタートしました。参加生徒は、グループごとに定めたテーマを深める研究活動や、大学と連携してのSPP（サイエンスパートナーシッププロジェクト）を行い、実践を積んでいます。また、このプログラムの一貫として、5月に「西表（イリオモテ）野生生物調査隊」として西表島での調査活動に参加しました。この調査活動での生物種の同定を通して、自然科学全般に通じる思考方法を身につけることができました。

　このように、2つのアイランドは、自分の適性を知り、将来への架け橋となる生きた学習ができる環境であり、ここでの教育プログラムは次々と広がりを見せています。

自学館と
自学自習力養成プログラム

　現代社会で活躍するためには、自ら知識を得、生涯にわたって学び続ける力や能動的な学習姿勢が不可欠と考え、山脇学園では自学自習力を養う施設やプログラムを整えました。昨年完成した「自学館」は、図書館・進路学習情報センター・自習室の3つの機能を持ち、生徒が自らの志を立てその実現に向けて努力する場としてつくられました。進路学習指導の教員が常駐しており、毎日夜7時まで学習できる環境は、生徒に大いに活用されています。

　また時間割の中に組み入れられた「自学自習の時間」は、生徒たちが自らの課題設定により、学習方法や時間管理を身につける時間として定着し、着実に成果を上げています。

スクールライフの改革

　中学高校の6年間は、毎日殆どの時間を学校で過ごすことになります。学校は生活の場である、という考えから、スクールライフの改革も推進しています。生徒が毎日着る制服には、日本初の洋装の制服である伝統のワンピーススタイルを踏襲しつつ、新しいアイテムを加えました。ブレザー・セーター・ベスト・リボン・ダッフルコートなど、デザインの選定には生徒へのアンケートが繰り返し行われました。季節自由制とし、寒暖や好みに合わせて着こなしが選べるとあって、生徒からは好評です。

　また、昨年秋に完成したカフェテリアも、セレクトランチやビュッフェ形式のランチなどのランチスタイルが、生徒や忙しい保護者の方に好評です。憩いの場としても、放課後に多くの生徒が集い、おしゃべりや軽食を楽しんでいます。

　新校舎Ⅰ期工事で10月末に完成する教室エリア（高校）には、くつろぎスペースを配置し、従来の学校建築にはなかった生活空間を実現しています。中学の教室エリアも、来年度中の第Ⅱ期工事で完成します。ますます充実するスクールライフにどうぞご期待ください。

【School Data】

山脇学園中学校・高等学校

所在地	東京都港区赤坂4-10-36
アクセス	地下鉄銀座線・丸ノ内線「赤坂見附」徒歩5分、地下鉄千代田線「赤坂」徒歩7分、地下鉄有楽町線・半蔵門線・南北線「永田町」徒歩10分
TEL	03-3585-3451
URL	http://www.yamawaki.ed.jp/

ココロと カラダの特集

身体の成長が著しい小学生。
心のなかも、さまざまに揺れながら伸びようとしています。
ついつい大人の目で見てしまいがちな子どもたちのココロとカラダ。
ちょっと立ち止まってゆったり向かい合ってみませんか。

P50-53 特集1 **子どもの感性を育てるにはどうすればいいか**

P54-55 特集2 **小学生でもめずらしくない円形脱毛症**

P56-57 子どもの本の世界 **ふくだ すぐる** [絵本作家]

P58-61 インタビュー **エリック** [NHK「えいごであそぼ」レギュラー、ミュージシャン]

P62-63 **保健室より 親と子の悩み相談コーナー**

P64 レッツ 何でもトライ⑩ お金の大切さを学ぼう！

写真◉越間有紀子

ココロとカラダの特集

特集1 子どもの感性を育てるにはどうすればいいか

感性（センス）は生まれつきのものだと思っている人が少なくありません。
しかし、それは間違いです。
感性は人間だけが持っている高度な能力で、あくまで育てていくものです。
特に小学生の6年間は感性を高めるのに重要な時期です。
臨床心理学者の蓮見将敏さんに
子どもの感性を育てるにはどうすればいいかを話していただきました。

写真◉越間有紀子

蓮見将敏
はすみ・まさとし
大学院博士課程修了後、児童相談所や心療内科クリニックのカウンセラーを経て、現在、杉野服飾大学教授。神奈川県スクールカウンセラーを兼務している。

感性とは、一般的に「センス」という言葉で表現されます。「センスがいい」とか、「悪い」とか言いますね。この「センスがいい」とはどういうことでしょうか。それは、いいものを見つけ出す力があるということです。つまり、感性（センス）とは、物事の価値を感じ取る力のことをいうのです。物事のいい、悪いがわかる力と言ってもかまいません。

生まれつき持っている能力ではない感性

物事の価値の基準には様々なものがあります。そのなかでも重要なのは、真（正しいこと）、善（善いこと）、美（美しいこと）、聖（清らかなこと）といったものです。こうした真、善、美、聖の基準を自分の中にしっかり持って、総合的に価値を判断する能力を感性といいます。

ですから、子どもの感性を育てるとは、物事を判断する能力を育てるということでもあるのです。

この能力は、人間にしか備わっていない高度なものです。

よく感性やセンスは生まれつきのものだというように言われますが、こうした高度な能力は、決し

て生まれつきに備わっているものではありません。感性は経験や教育によって育成されるのです。

感性のベースになっているのは、ひとつには感覚です。感覚でも特に視覚的なもの、目で見たものが重要になります。何をどのように見るかが、その人の感性に影響を与えるのです。

また、経験や知識といった、その人が何を知っているか、認知しているかということが、感性のもうひとつのベースになります。経験や知識の積み重ねがなければ、すぐれた感性を持つことができません。

そして、3つ目のベースが感情です。豊かな感情の上にこそ感性は成り立っています。特に感情でも感動する力が必要です。物事に対して感動することによって、感性も育ちます。

小学校に入る6歳以降感性は大きく育つ

この感性の3つのベースである感覚、認知、感情は、いずれも幼児期から形成されていきます。

感性というのは、高度な能力ですから、脳がある程度、発達しないと獲得することができません。人間の脳は3歳で80%が出来上がると言われています。3歳ぐらいから、基本的な能力が育っていくのに伴い、感性も身についていきます。そして、特に小学校に入る6歳以降は、感性が外からの刺激によって大きく育つ時期です。子どもの感性を育てようと思ったら、この時期にどうするかが重要になります。

感性は様々な分野に対して働きますので、どの分野について感性が働くかで、感性の種類を分けることもできます。感性の種類を知っておくことも、子どもの感性を育てる上で必要になります。

まずは「道徳的感性」です。まさに、何がいいことで、何が悪いことかという善悪を判断する感性です。

次に「芸術的感性」。絵画や音楽をはじめとする美しいものに対する感性です。

「科学的感性」もあります。何が合理的で正しいかを判断することができる感性です。

「運動的感性」。これは、いわゆるスポーツに対するセンスです。スポーツを楽しむことができる感性といってもいいでしょう。

「神秘的感性」。自然界には様々な不思議や神秘的なものがあります。生命の神秘など、まさにそれでしょう。そういうものに対して価値を見いだす感性です。

「人間的感性」。人間関係の機微や人情などを感じ取る感性です。この感性が育たないと、人との関係がうまくいきません。

このほかにも、様々な分野に対する感性がありますが、大きく分けると、ここにあげたような感性になります。子どもの感性が育っているかを判断するときに、分野別に見ていくと、わかりやすいか

[感性の成り立ち]

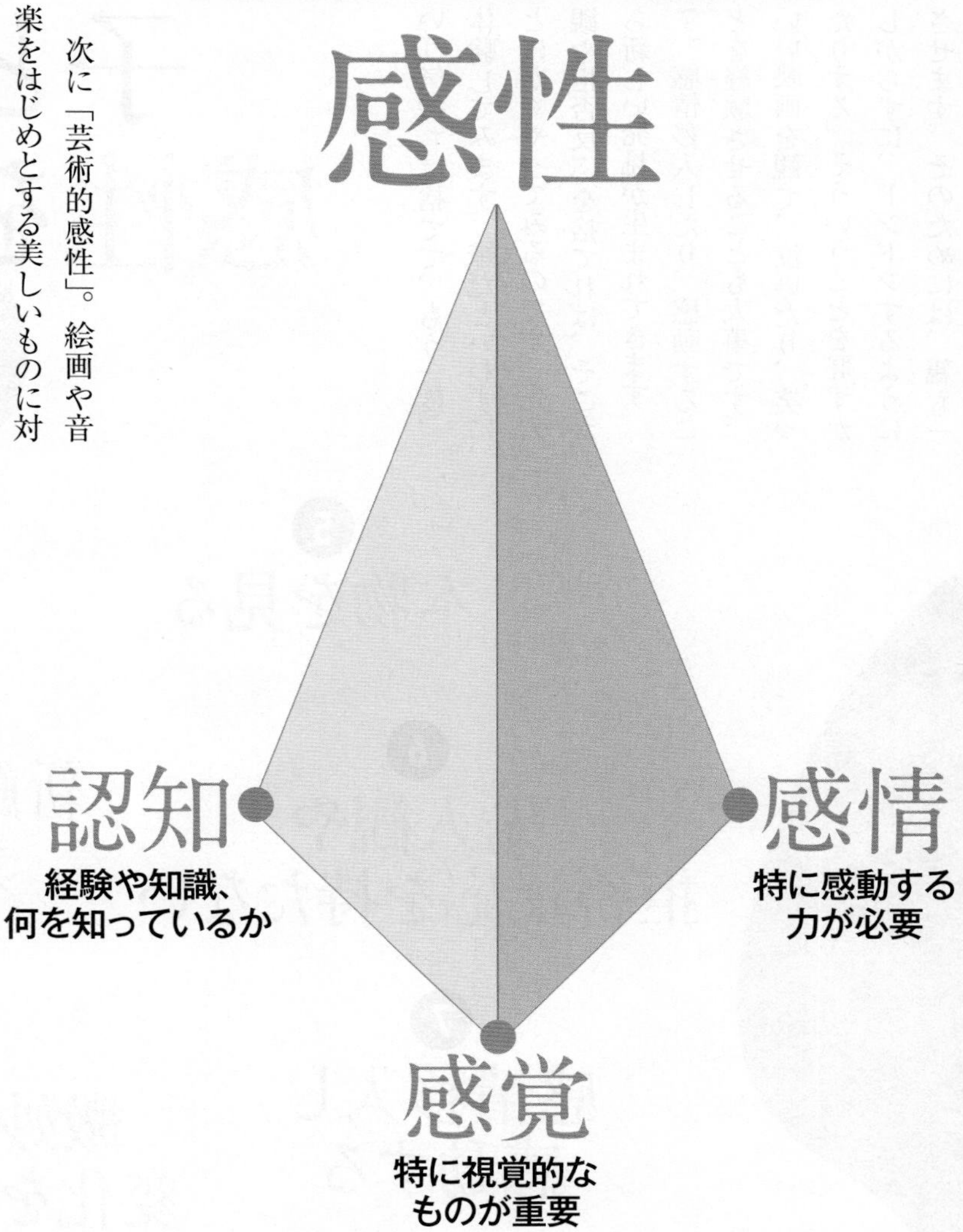

ココロとカラダの特集

子どもの感性を育てる13の方法

1 感性をよくしようと思う

2 新鮮な気持ちで素直に驚く

3 美しさの大事さを知る

4 微妙な違いや変化を見逃さない

5 本物を見る

6 先入観や拒否反応を持たない

7 感情移入し感動する

もしれません。

それでは、子どもの感性を育てるにはどうすればいいか、具体的な方法を考えていきましょう。

何に対しても新鮮に素直に驚くことが必要

1) まずは、これまで述べてきたように、感性とは生まれつきのものではなく育てるものだということを、親も子どももしっかり自覚することが必要です。感性はよくすることができるのだから、感性（センス）をよくしようという気持ちを持ちます。

2) 物事に慣れてしまうと感性は育ちません。何に対しても新鮮な気持ちで素直に驚くことが必要です。そんなことは知っていると、知ったかぶりをしていてはダメです。知っているのがエライのではないのです。何に対しても、素直で純粋な気持ちで接していけば、新たな驚きを見つけることができます。

3) 様々な価値の中でも特に美に対する気持ちは重要です。美しさを愛する気持ちを持たせ、そして自分自身も美しい気持ちを持つことが大事だということを教えましょう。

4) 物事の微妙な違いや変化を見逃さないということが必要です。朝と夕方では樹木や空の様子が違って見えるはずです。それを子どもにも気づかせます。部屋のなかを模様替えしたときなどには、「どこが変わったと思う?」と声をかけましょう。そういうことから、子どもは違いや変化に目がいくようになります。

5) 本物を見せるということも大事です。子どもだからこの程度でと思ったら間違いで、子どもだからこそ一流のものを見せるようにしてください。一流の絵画、一流の音楽に触れさせることで、感性は育ちます。

できれば、手に取って触れさせてください。本物に触れるということでは、いつもはテレビで見ている動物に実際に会いに行って、触ってみてもいいです。水族館でイルカに会ったら、是非、触る機会を作ってあげてください。

6) 先入観や拒否反応を持たずに経験することが大事です。どこかに出かけようとしたときに、「あそこはもう行ったから、つまらない」と思ってしまうのは、つまらないという先入観を持って拒否反応してしまっているからです。そういう気持ちは捨てて、もう一度、体験してみます。嫌だといわずに、とにかくやってみるのです。先入観や拒否反応を捨てれば、そこから新しい発見が生まれてきます。

7) 感情移入したり、感動することを経験させることも大事です。いい映画を観て、泣いたり、笑ったりする。そういうことを恥ずかしがらずに、ドンドンするようにさせます。そのためには、親も一

緒に泣いたり、笑ったりすることが必要です。照れたりせずに、素直に感情移入して、感動することがいいのです。照れていると、本当の感情というものに出会うことができません。自分の感情に出会うことで、感情が豊かになり、感性が育ちます。

8）五感を磨く経験もさせてください。どういう時に五感は磨かれるかというと、人間として原体験に近い体験をした時です。文明人よりも未開人の体験をした方がいいのです。子どもが泥だらけになって遊ぶというのも、そのひとつかもしれません。太陽の日の出、日の入といった大自然のダイナミックな動きに接するのもいいでしょう。すごく暑い体験をする、逆に寒い体験をしてみます。本当は生きるか、死ぬかを経験するのが一番の強烈な体験なのですが、それは難しいので、時にはお腹がすいて死にそうだというような体験もいいかもしれません。

9）日ごろ、感じたことを言葉にするといったことも効果があります。人にしゃべってみたり、文章にして書いてみたりするのです。感じたことを言語化することで、自分が何を感じているかというイメージがはっきりして、物事をより深く感じることができるようになります。それによって、感性も高まります。

10）好奇心が旺盛であることは、感性を育てるために、とても大事な条件です。新しいこと、面白いものを求める好奇心があってこそ、感性は生き生きとしてきます。子どもの好奇心をかきたてるようにしてください。そのためには、親も好奇心旺盛にいろんなことに興味を持って、子どもと語り合ってください。

11）日常とは異質の体験をさせることも、プラスになります。旅行に出かけるといったことは、そのひとつです。でもその場合も、いつもと違っていることが大事です。旅行先で、同じようにテレビを見ていたら、効果がありません。キャンプをして、真っ暗なテントの中で過ごす。いつも見たことないような夜空を見上げるといったことが大事なのです。

旅行に行くのが大変なら、部屋の模様替えをするのでもいいのです。とにかくいけないのは、日々の生活がマンネリになってしまうことです。

多くの人に接すると感性を磨くことになる

12）一方で、面白くて、気持ちがよくて、楽しい体験は一度でなくて、何度でも経験させてやってください。面白いと思った本は何度でも繰り返し、読んでもいいのです。心地のいい音楽は何度聞いてもいいものです。繰り返すことで、いいものをより深く、感じることができるようになります。

13）最後に、なるべく多くの人に接するようにさせることが、感性を磨くことにもつながります。日本人だけでなく、外国人に接することもいいでしょう。いろいろな人が集まるところに連れ出して、閉鎖的な環境ではなくて、オープンな環境に子どもを置くようにします。何より人と接することで、子どもの感性は磨かれることを忘れないでください。

8 五感を磨く

9 感じたことを言葉にする

10 好奇心を旺盛にする

11 日常とは異質の体験をする

12 いい体験は何度でも繰り返す

13 多くの人に接する

特集2

小学生でもめずらしくない 円形脱毛症

**ある日突然、子どもの頭に円型脱毛症を見つけたら…。
何か思い悩んでいるのかしら、
いじめじゃないかしらと親御さんは心配になりますね。
ところが、円形脱毛症は心の病気ではなく体の病気。
まずは正しく病気を理解し、
皮膚科で年齢や症状に応じた適切な治療を受けましょう。**

文◉深津チヅ子　イラスト◉土田菜摘

円形脱毛症というと、頭髪が10円玉大に丸く抜け落ちるトラブルで、仕事や人間関係に悩むストレスフルな大人に多いというイメージが強いかもしれません。しかし実際には、円形脱毛症は子どもから大人まで年齢に関係なく起こり、小学生にもよく見られます。

また、原因をストレスと決めつけがちですが、これも正しくないと指摘するのは、順天堂東京江東高齢者医療センター皮膚科科長で、子どもの円形脱毛症治療にも力を入れる植木理恵先生。

「円形脱毛症は心因性の病気ではなく免疫の異常で起こる病気、体の病気です。本来はウイルスや細菌などの外敵から体を守るために働くリンパ球が、自分の毛根を異物と勘違いして攻撃することで始まる病気です。攻撃を受けた毛根では炎症が起き、毛が抜け落ちてしまうのです」

抜け毛は頭とは限りません。毛根のある場所なら体中どこでも起きる可能性があり、まつ毛、眉毛、鼻毛や体毛のことも。痛みやかゆみなどの自覚症状もなく、突然、頭髪や体毛の一部がまとまって円形に抜けていきます。脱毛の範囲は人によりまちまちで、同時に数か所で始まったり、頭全体に脱毛が広がってしまうこともあります。

植木先生によれば、子どもの場合、免疫機能が未熟なためか全身に症状が現れることが多く、頭髪だけに小さな円形脱毛があるように見えても、まつ毛や眉毛などほかの場所でも、多かれ少なかれ脱毛が起きていることが多いといいます。

自分で髪を引き抜いてしまっていることも

なぜ免疫異常が起こるかははっきりわかっていません。ただ、アトピー性皮膚炎や花粉症などになるアレルギー体質の子に多く見られます。そうしたアレルギー症状がきっかけになるほか、内臓の病気、誰でも感じるようなストレス、自律神経などさまざまな体のトラブルが引き金になることで、免疫異常のスイッチが入ってしまうのではないかと考えられています。

注意したいのは、小学校高学年くらいになると、免疫異常とはまったく無関係の脱毛があることです。「トリコチロマニア」といい、起こるのはほとんど

どが女の子。
「こちらは明らかにストレスが直接の原因。心の病気といっていいでしょう。転校、家庭環境の変化、勉強、いじめ、親の過干渉など強いストレスがきっかけになって始まります」（植木先生）
トリコチロマニアでは頭皮に何の異常もなく、無意識のうちに指に髪を巻きつけて抜いたり、一本一本髪を引き抜いてしまいます。髪を抜いて自分を傷つける行為がストレス発散になっているとされ、自分の手が届きやすい場所ばかり集中して抜くので、利き手側や頭頂部にみられることが多く、形も円形ではなく、どちらかというとランダムになります。
「5～6年生以上の女の子で、脱毛部が不整形で頭や眉の決まった場所だけという場合は、トリコチロマニアの可能性を疑い、円形脱毛症と区別する必要があります」（植木先生）
トリコチロマニアでやっかいなのは、ストレスが取り除かれても、髪を抜くクセだけが残ることがある点。そうなると、なかなか脱毛が治まらなくて、毛根が傷んで髪が生えてこなくなります。

1～2か所だけなら3カ月で自然発毛

いずれにしても、早めに対応することが抜け毛を止める最良の方法。4年生くらいになると、お母さんが子どもの髪をかき分けるような機会は減って、見た目からはなかなか気づきにくいものです。よく言われるように、1日100本程度の抜け毛なら正常範囲ですが、シャンプー後に排水溝に沢山髪がからまっていた、枕に髪がバラバラ散らばっていた、美容師さんに言われたなど、脱毛の多さに気づいたら、一度は皮膚科の受診を。

「脱毛が一か所だけなら、治療しなくても3～4カ月で発毛してくることが多いのですが、脱毛が止まらない、脱毛が始まって3カ月たつのにまったく発毛してくる気配がないという場合は、広い範囲で脱毛している可能性が高いので治療を始めます」（植木先生）

まずはトリコチロマニアではないか確認し、円形脱毛症となれば、アレルギーの有無に関係なく、毛根で起きている炎症をしずめる効果のある抗アレルギー剤を服用します。子どもの場合は、併せてステロイド剤の塗り薬も使います。

症状によっては、ほかに光線療法、液体窒素を使った冷却療法、わざと炎症を起こす感作療法などを組み合わせることも。

シャンプーや食事などはこれまで通り、とくに注意することはありません。

小学校高学年といえば、多感な年代の入口。自分の容姿をとても気にして人目を意識し始めますから、円形脱毛症があること自体、子どもには大きなストレスになります。心のケアは大切ですが、ハレモノにさわるような接し方はむしろ逆効果。症状に注意を向けさせるような特別扱いはやめ、いつも通りの生活を続けてください。

学校生活にも配慮が必要です。

「周囲の無理解から、精神的に弱い子などと偏見を持たれて不登校やいじめにつながるケースもあるので、子ども同席で先生に相談し、どうしてほしいのか子どもの気持ちを確かめながら対応を決めるといいでしょう」と植木先生は話しています。

子どもの本の世界

絵本の世界も、焦らず、ゆっくり、マイペースに

こうじゃなきゃダメだと自分に『壁』を
作ってしまうと前に進むのが難しくなる。
ときには立ち止まって自分の足元を見直すと
大切なことが見えてくる。
そんな景色をふくださんの絵本は教えてくれる。

ふくだすぐる

［絵本作家］

構成◉橋爪玲子

若い頃は、ずっと、お金で苦労してきました。事情があって、家の借金を背負ってしまったのです。金額もよく分からない借金返済に追われる日々でした。

私の最初の仕事は、ファミリーレストランの調理人です。「将来は小さなお店でいいから持ちたいな～」と思っていました。そんな中、家のゴタゴタにまき込まれて借金を返済しなくてはいけない事になりました。

結局料理人を辞めて、歩合制がある印刷会社で働きはじめ、5年間は、ひたすら働き続けました。そして、25歳のころ、何とか借金を返せるめどが立ったある日、人生の転機が訪れました。それはあるテレビ番組の企画だったのですが、漫画家の卵を募集していたのです。

漫画家になるのが子どものころの夢だった

「漫画家予備校生募集」という企画でした。

のちの大物漫画家たちが青春時代を過ごした「トキワ荘」。『ドラえもん』の藤子不二雄さん。『天才バカボン』の赤塚不二夫さん。『サイボーグ009』の石ノ森章太郎さんらが育った、漫画界の伝説のアパートです。その「トキワ荘」の現代版を作ろうというテレビ企画で、住人となる漫画家の卵を募集していたのです。その企画に受かり漫画家への道を歩き始めることになりました。

実は漫画家になるのは、子どものころからの夢だったのです。それからしばらくして、少年誌の「漫画大賞」にも選ばれ、これからプロとして本格的に活動を開始しようと意気込んでいました。しかしだんだん漫画に疑問を感じ始める様になって、漫画を描くことが好きなのかどうか分からなくなって来たのです。

長い間、家族の事情やお金に振り回されて来て、やっと自由になれると喜んでいたのですが、漫画家という仕事に自由を感じることが出来なくなっていたのです。

すると、ライオンさんも　うれしくなって、
ふにゃっと　なりました。
つづいて、
おはなちゃんは、ライオンさんにも　いいました。
「ライオンさん　ありがとう。いてくれて　どうもありがとう。」

だからと言って漫画をやめたらこの先どうなるんだろう……。

先が見えない不安に突然、襲われる様になりました。年齢的にも30歳前でしたからね……。そして、不安が日々大きくなり、うつ状態で、誰もいない部屋で、一人、天井をボーっと見つめるような日々が続きました。でもそういう日々を過ごすうち、ある時から「本当は何をしたいのか、自分はどうなりたいのか」ということを見つめ直す様になりました。

それで取りあえず何も考えずに、紙に絵をただ描いてみたんです。すると、そこに描かれたのは、ゾウとウサギとタヌキの絵でした。まるで小さな子供が描く様な、落書きみたいな絵でした。でもその絵を見ているうちに、「これは絵本に向いているんじゃないか」と感じはじめたんです。

とは言え、子どもの頃から絵本に何の親しみも持っていない私です。それどころか絵本は子どもが見るものと小バカにしていたくらいです。そんな私が絵本作家になるなんて、ほんと人生は何が起こるかわからないから面白いですね。

そんなこんなで私はまず、夜学の絵本学校に通い、一から絵本について学ぶことにしました。

「案ずるより産むが易し」の精神でチャレンジ

同じ道を志す仲間が出来た事がとても嬉しかったですね。

講師の先生達は「絵本の道は難しいよ、厳しいよ」なんて言っていましたが、実際にはそんなことはありませんでした。

私がいろんなチャレンジをしていく中で感じたのは、難しいと思っている人は物事を難しく考える傾向にあるので、うまく行く事でも、うまく行かない状態を自らつくりやすいと言うことです。

ひとつ例をあげましょう。

実は私は絵本学校を卒業後すぐにその学校の講師をやらせて頂いたのですが、何人かの生徒達には「学校を卒業してから何かにチャレンジしようなんてケチなことは考えず、ここにいる間に恐がらずチャレンジしなさい」と言っていました。すると生徒達はみんな見事に絵の仕事を取って来たんですよ。みんなやれば出来ることなんです。昔の知恵者は「案ずるより産むが易し」と言っていますが、まさにその通りなんです。

私も「案ずるより産むが易し」の精神で講師をしながら出版社に持ち込みをしていました。

10社以上は回ったでしょうか? もちろん不安ありましたが、楽しいことへのチャレンジでしたので苦ではありませんでした。

やがて私の作品に興味を持ってくださる出版社が現れて『ちゅ』と『ただのおじさん』という絵本を2冊同時に出版することができました。

そして意外にもこの2作品は大人の方が多く手に取ってくださる様になり、それがキッカケでたくさんの出版社の方から声をかけて頂ける様になりました。

絵本は漫画と違ってストーリーを考えるのではなく、逆に何も考えず、小さな子どもの様に自由な気持ちになることでうまれてくるアートです。

大人も子どもと一緒にあのころに戻れる絵本

絵本の魅力は大人も子どもと一緒に、あのころに戻れることではないでしょうか。単純だからこそ沢山の奇跡が起きたあのころ、何にでもなれると信じていたあのころに。

話は変わりますが、先日、関西からわざわざ私に会いに来てくれたご夫婦がいました。お子さんを病気で亡くされたそうです。

そのお子さんは何をやっても笑わなかったのに、私の絵本『りんごがひとつ』を見て、はじめて笑ってくれたそうです。

絵本は私が思っている以上に人を癒す力を持っているのかもしれませんね。

ふくだすぐる
1961年、兵庫県生まれ。絵本作家、イラストレーター。主な作品に『りんごがひとつ』『ちゅ』『にこにこでんしゃ』（岩崎書店）、『サインですから』（絵本館）などがある。

ココロの41 Interview

構成◉橋爪玲子
写真◉越間有紀子

楽しく歌って 楽しく踊る。 そこに 英語がある

子どもたちの身の回りのできことをリズムに合わせて英語で歌う。NHK「えいごであそぼ」で長年人気のコーナーを担当するエリック・ジェイコブセンさん。エリックが歌うと子どもたちも生き生きと英語を口ずさんでしまいます。

6年前からNHK・Eテレの「えいごであそぼ」に出演していますが、実はそのかなり前から日本との縁がはじまりました。行ったり来たりの時期もあわせると、なんと日本との関係は32年にもなります！番組のロケを通して、日本の都道府県はほとんど行かせてもらったと思います。

最初の日本との出会いは、高校の交換留学でした。

アメリカのニューヨーク州で育ち、17歳のとき、学校の先生から「交換留学で日本に行ってみないか」と言われたんです。

それまでの僕は、テレビで見た深夜番組から、若干の日本の印象を受ける程度でした。「サムライ・洗濯屋」とか、「サムライ・ピザ屋」なんていう、とんでもない番組が流れていました。「サムライ・ピザ屋」では、店員が日本語っぽい言葉を話すんですが、変な日本語なんです。で、髪型は、もちろん、ちょんまげ。それで、ピザを焼いて、切るんです。何で切るのか？カタナです。ちょんまげでピザを焼いて、カタナで切る。それはもちろんジョークだとわかっていました。それ以外にも、サムライが深々とお辞儀をするのを見て、「こんなことはしないでしょう⁉日本って、アメリカとそれほどかわらない国でしょう！」と思っていたんです！でも、初めて日本に来て、「うわ！みんな、本当にお辞儀をするんだ！『ah, so』って言うんだ！」とびっくりして、想像以上に「全然、違う国じゃん！」と思ったのです。

言葉は違っても音楽は通じる

高校3年のとき、交換留学で山梨県に来ました。実は、高校で勉強していたのはスペイン語だったんですが、先生からのひと言で、あまりよく考えずに来日しました。

荷物の中には、ギターとトランペット。言葉も何も分からない、まさに「赤ちゃんのような状態」でやって来た日本での一番の思い出は、日本の友だちと3人でバンドを組んだことです。音楽って、コミュニケーションなんですよね。言葉が違っても、音楽は通じる。「えいごであそぼ」ではいろいろな仕事をしていますが、僕の根幹はミュージシャンです。バンドを組んでいた彼らとは、いまでも一緒に音楽を楽しむ事もあります。

高校を卒業して、2度目に来日

エリック

［NHK「えいごであそぼ」レギュラー、ミュージシャン］

エリック・ジェイコブセン
1963年。アメリカ・ニューヨーク州生まれ。コロラド州立大を卒業。NHK「えいごであそぼ」のレギュラー出演のほか、子ども英語教材へ楽曲を提供などもしている。また親子コンサートも各地で精力的に行っている。http://www.hieric.com/

したときは、新宿の東口で、ストリート・ミュージシャンをしていました。定番の「ローリング・ストーンズ」や、50年代のロックを歌っていました。1日歌ってゼロというときもあれば、1万円の日も。2、3万円もらえる日もあったかな。

時代はバブルでしたが、ヒッピーみたいな生活でした。夜型の生活に「これは健康的にマズイな」と思って、アメリカに帰りました。仲間たちは、たくさん貯金を作ってアメリカに帰りましたが、僕は、貯金ゼロで帰国したんです。その後、妻のあやこと約5年間の遠距離恋愛を経て、29歳のときに、再来日しました。

あるとき、ハロウィンのショーをやるのに、外国人が必要だということで、イベントに参加しました。それを見た出版社の人から、子どもたちが英語で歌うCDの指導をして欲しい、という仕事をもらいました。これが、その後の人生の大きな転機となったんです。

収録の現場で、スタッフの一人がタバコを吸っていました。その煙を、子どもたちが嫌がっていました。そこで、休憩中に、「タバコの煙は嫌だねえ～」という歌を、即興で作って、その場で子どもたちと一緒に歌ったんです。昔から、アドリブで曲を作るのが好きでしたから。もちろん、英語の歌です。

遊びの中で見つけた キーワードを歌に

休憩時間の子どもたちとの何気ない遊びを、プロデューサーさんが聞いていて、別の仕事に誘ってくれました。英語教材の制作で、子どもたちの歌唱指導をしたり、曲も作らせてもらう仕事でした。毎月、英語で歌う小学生くらいの子たちを盛り上げて、パフォーマンスを引き出すような仕事でした。これらの仕事がその後、NHKの「えいごであそぼ」の仕事につながっていったんです。

「えいごであそぼ」での僕のコーナーは今年で13年目になります。僕のコーナーのカメラマンさんや音声さんも、約10年間ずっと、同じ方たちが担当しています。

僕のコーナーは、子どもたちと遊んで、遊びの中で見つけたキーワードを即興の歌にして、一緒に歌っちゃおうという企画です。

遊んでいる子どもたちの動きの中で、いくつかの「何か」を見つける。その「何か」の中で、英語を使える瞬間を引っ張り出すんです。遊びから生まれた英語のキーワードを歌にして、子どもたちと歌っています。

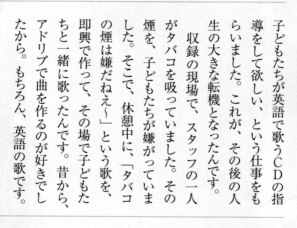

だから、アドリブの連続です。遊びの中で生まれる瞬間、瞬間の連続ですから、「あ、いまのシーンが良かったけど、撮影に失敗したから、もう1回」という撮り直しが効きません。そんなコーナーだから、僕だけじゃなくて、カメラマンや音声さんなどスタッフ全員がその一瞬、一瞬を大切にして撮影にのぞんでいます。そんなみなさんとは、とても良いチームワークで仕事をさせてもらっています。

僕は、「英語は道具」だと思っています。例えば、何かをやりたい。楽しく歌いたいでもいいし、踊りたいでもいい。その一つの手段が英語なんです。僕が目指しているのは、こうです。楽しく歌う、楽しく踊る、その中に英語があっ

気持ちや行動と一緒になって吸収されたとき、言葉は体の中に染み込んでいきます。

て、気づいたら、子どもが英語を使っている──という感覚です。

子どもたちは天才的な言語感覚をもっています。例えば、お父さんの転勤で、家族そろってどこかの国に赴任したとします。一番下の子が、わずか1年の滞在で、現地の子と変わらないネイティブの言葉を話すじゃないですか。小学校という低年齢から英語を学ぶなら、この天才的な才能を利用しないと、もったいないでしょう?

この才能を引き出すポイントは、行動と言語を一致させることです。

番組のロケでは、最初にカードを子どもに見せて遊びを決めます。僕が「Pick a Card」（カードを引いて）というと子どもたちは「This One!」（これ！）と言いながらカードを選びます。番組を見ている子がロケにくると、すぐに「This One」といってくれます。毎回、番組を見ていて、やっていること（行動）と言っていること（言語）がすでに合体しているからですよね。

ワンフレーズが生きた英会話になる

日常の中で行動と言語が常に一致しているやり取りを探し出し、それを英語に転換して、生活の中に楽しく取り込んでいくことこそが、本当の言語を習得するための入り方なんだと思います。今、起きていることにぴったり合う気持ちや行動を表す英語の歌を親子でいっぱい歌うのもおすすめです。

例えば、僕が作った歌で「Yakisoba,Please♪」という歌があります。もしこの歌が気に入ったら、きっと何度も聞きたくなって、音と一緒に記憶にインプットされていきます。そして、焼きそばが食卓に出てきたときに、「I want Yakisoba,please」と歌詞を思い出して、自然に英語のフレーズを口ずさむのが僕の理想とするところです。親御さんも、焼きそばを作りながら「I want Yakisoba, please～♪」と口ずさんで、子どもにふっと歌を思い出させてあげれたらいいよね。

気持ちや行動と一緒になって吸収されたとき、言葉は体の中に染み込んでいきます。

たったワンフレーズのやり取りでも、本当の英会話、生きている英会話になると思うんです。

大好きな歌を歌いにあちこちでライブをやっています。「えいごであそぼ」のような即興の英語ライブをやったり、ライブハウスや野外ステージでやったり。子どもの反応はそれぞれですが、スっと英語に入っていく天才的な言語能力と楽しそうに踊って歌う姿は、どの会場でも変わりませんね。そんな子たちの勢いが、僕のエネルギーになっています。そして、子どもたちが音楽を楽しんだ結果、英語のフレーズがひとつずつ増えていってくれたらうれしいですね。

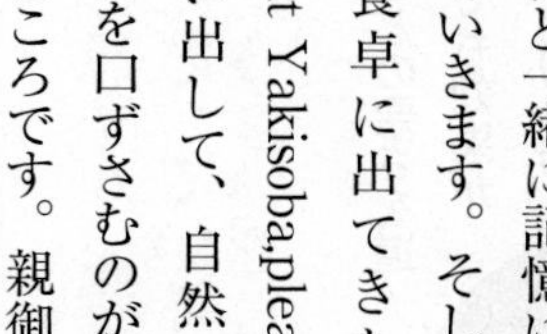

ERIC & THE E-JAM BAND/身近なものを題材にしたエリック オリジナルの音楽CD。アマゾン/iTunes Store からダウンロード可能

子どもたちは今
保健室より

保健室は子どもたちにとって
大切な居場所です。
そこでは、担任の先生や親の前とは
違った顔を見せてくれます。
子どもたちの今を、
保健室よりお伝えします。

アレルギーで給食が除去食になってしまい不満が一杯の5年生の男の子

文◉井上優子・いのうえ・ゆうこ
東京都内の区立小学校で養護教諭
イラスト◉土田菜摘

「先生!なんでオレ除去食なんだよ!グラタンでチーズがなかったら全然おいしくないよ!」5年生の朔が、昼休み早々に保健室へやってきました。「え?でも朔はチーズのアレルギーなんでしょう?取り除かなかったら大変じゃない」「違うよ!だって家でピザとか普通に食べてるもん。かーちゃんが勝手に書類出したんだよ。ねえ、お願いだから除去食やめてよ」「う〜ん、そう言われてもお医者さんの診断書が出てるからなあ」

昨年、東京都の小学校で食物アレルギーのある児童が、給食のときにアナフィラキシーショックを起こし亡くなったという大変な事故がありました。この事故を受けて、学校では全校児童に食物アレルギーの有無を再調査し、アレルギーの程度と緊急時の対応を再度確認したり、誤食などが起こらないように校内体制を整えたりしました。朔はそれまで普通給食を食べていましたが、今回保護者から診断書が提出されたことを受けて、新たに除去食対応となったのです。

「そもそもお医者さんに行ったってことは、チーズを食べて何かあったんでしょ?」「オレ知らないよ。すごく小さいときのことだもん。大きくなってからは何もないよ」「ああそうか。じゃあ念のために検査したら、反応したってことだね」「いちいちさ、別の食器で配膳されて、おかわりもできなくて。チーズの時は全然給食が楽しくないよ。今まで食べてたのに、なんだよもう…」朔は不満たらたらです。

教育委員会から、誤食を防ぐため除去食がある日のおかわりは全て禁止するようにと通達もあり、事故が起きてから食物アレルギーへの対応は、かなり厳重になったと言えます。朔のように比較的軽いアレルギーの子どもにとっては、急に束縛されるようになったと感じるのも仕方ないことかもしれません。

朔は給食室にも不満を訴えに行ったようで、後に栄養士から相談がありました。「先生、朔くん除去食が相当イヤみたいですね」「そうねえ。気持ちはわかるけど、

ココロとカラダの特集

親と子の悩み相談コーナー

子育てに悩みはつきもの。
日々、子どもと接しながら、親として迷ってしまうのは当然のことです。
そんな時のヒントになるように、専門家にアドバイスを聞きました。

写真◉越間有紀子

的場永紋
まとば・えいもん
臨床心理士。東京都スクールカウンセラー。草加市立病院小児科、越谷心理支援センターでも心理相談を行っている。

相談1

5年生の息子が、親の財布からお金を持ち出します。その度に怒っているのですが、繰り返します。どうしたらよいでしょうか。

お金を盗ることの悪さを道徳的に説教しても効果がない場合には、とりわけ本人にとってやむを得ない事情や心理的な要因が影響していることがあります。このような場合、その行動の背景に何があるのかを考える必要があります。過度の叱責や罰を与えるだけの対応を繰り返して、さらに問題を悪化させてしまう場合もあり注意が必要です。解決にはそれぞれの原因に応じた対応をすることが肝心です。

背景のひとつには、やはり「物が欲しいから(買いたいから)」といった理由があります。これについては、欲求のコントロールが課題と考えられます。つまり、欲しいけど我慢するということができるかです。日頃からいかに「したいけどやらない」「やりたくないけどやる」といったことを経験させるかが大事になります。

友人関係を形成したり維持していくなどの社会性に課題がある場合もあります。おごってあげることなどお金だけの関係で友人とつながっているケー

学校の対応は診断書に則ると決まっているから、『これくらいなら大丈夫』みたいな曖昧な自己判断を受けいれるわけにはいかないしね」「保護者と相談しましょうか」「それは担任に任せましょう」

給食の時間は、子どもたちにとって大きな楽しみです。最近は、食物アレルギーのある児童の数は少なくないとはいえ、友達と同じものを食べられないことで、給食の時間を苦痛に感じる子どもがいるのなら放っておけません。給食の時間に栄養士が学級へ行って食物アレルギーの話をすることにしました。

その日の放課後、担任と話をしました。「朔くんどうでした?栄養士さんの話よく聞いてました?」「もちろん。それで、給食が終わったらすぐ私のところへ来て『オレもアナフィラキシーみたくなるの?』って心配そうに言ってましたよ」「あら!怖くなっちゃったかな」「ピザ食べられるのに、アナフィラキシーにはならないだろって答えましたけど」「保護者とは連絡とれました?」「ああ、家でも除去食をやめてほしいと言い続けるから、主治医に相談しようと思ってたみたい。今日の話も伝えてみます」「お医者さんがいいと言うなら、除去食ではなくなるかもしれないですね」

食物アレルギーに限らず、様々な疾病が原因で学校生活において制限のある子どもがいます。病気のことを考えれば当然必要なことなのですが、子どもたちの、友達と同じように学校生活を送りたいという気持ちも大事にしたい。そうすることで、自ら「症状が良くなるまで我慢しよう」と考えられるようになるのではないかなと思いました。

ス。あるいは、友人が一目置いてくれるような、あるいは興味をもってくれるようなゲームやカードなどを持つことによって友人を自分のもとに引き留めておくケースなどです。これらの場合は、金銭や物のやりとり以外で人間関係を築いていくスキルを身につけていく必要があります。

他にも、実はお金は二の次で、家族に注目してもらいたいために盗るとか、大量の食べ物を買って食べるためとか。これらは、さびしさや空しさを埋めるためと考えられます。夫婦間が家庭内別居状態など家族関係の問題が背景にある場合もあります。また、盗みの背景に、てんかんや発達障害といった器質的な問題が隠れていることや女子の場合、月経の前にかぎって盗むという生理的要因が背景にあることもあります。

相談2

子どもが来年には中学に進学します。自立をうながすために、親が心がけておくことはありますか。

中学に進学する頃から、親が子どもの自立を意識しておくことは大事なことだと思います。というのも、社会が成熟するとより個人は未熟化しやすく、自立するまでに時間がかかってしまうからです。親が早めに戦略を立てながら関わっていくことが大切です。まずは、親がいつまでに子どもを自立させるのかというビジョンを考えます。そして、それをふまえて、子どもが親に頼りきっているべったりの依存した関係からギブアンドテイクの関係に移行していけるように関係性を徐々に変えていくことが必要です。

親が何でもかんでも手取り足取り先回りしてやってしまわないこと。子ども自身が考えて自己決定し、試みることが大事です。それが、失敗するとわかっていても、失敗体験をさせるのだと見守る姿勢が求められます。基本的には耳は貸すけども手は貸さないこと。

また、「飯」「風呂」「なんでもいい」といった単語では何も伝わらないということを体験させることです。「誰が何をどのようにしたいのか」をしっかりと言わないと、とぼけた答えを返します。(例えば「飯」と言ってきたら「鹿」としりとりをするなど)。

親子だからといって以心伝心をせずに、「自分はこうしてほしい」と私を主語にした「私メッセージ」で発信させます。もちろん、親自身も「私メッセージ」で伝えることを心がけることが大切です。「○○ちゃん」「うちの子」といった呼び方をやめ、しっかりと名前(ときにはさんづけやフルネームを使う)で呼ぶことも効果があります。こういった、日々のコミュニケーションの中でのちょっとした工夫の積み重ねが自立につながっていきます。

レッツ

何でもトライ ⑩

お金の大切さを学ぼう！

日常生活で何気なく使っているお金。最近はインターネットや携帯を使ったお金、電子マネーなど、いろいろなお金があります。そんなお金のことについて、すごろくゲームで学びました

写真◉越間有紀子

僕が持っている一円玉は千個だよ！ 千円と言っても千円札一枚とは重さが全く違うよ！

今日はお金の価値、大切さ、役割など色々考えましょう！

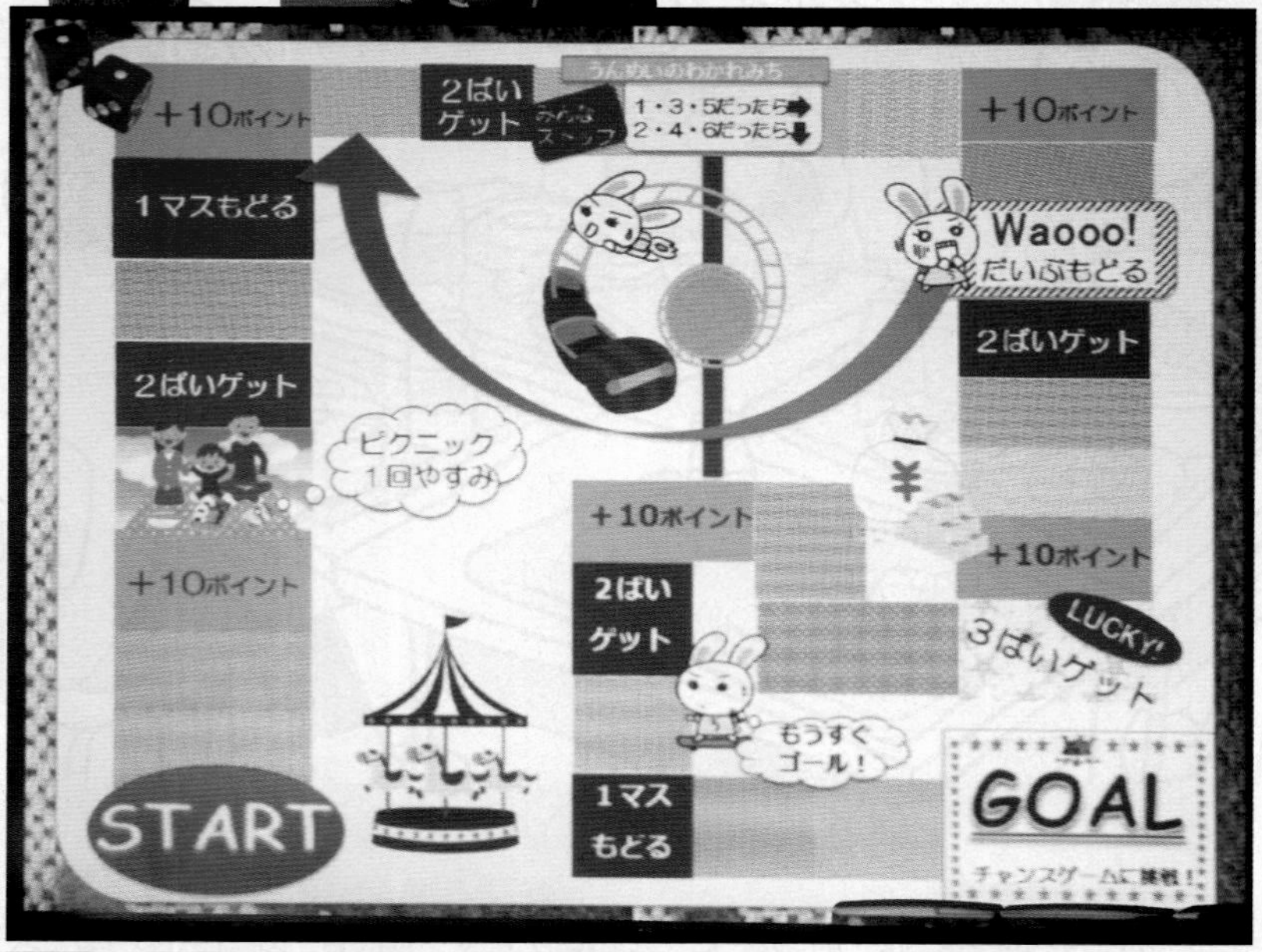

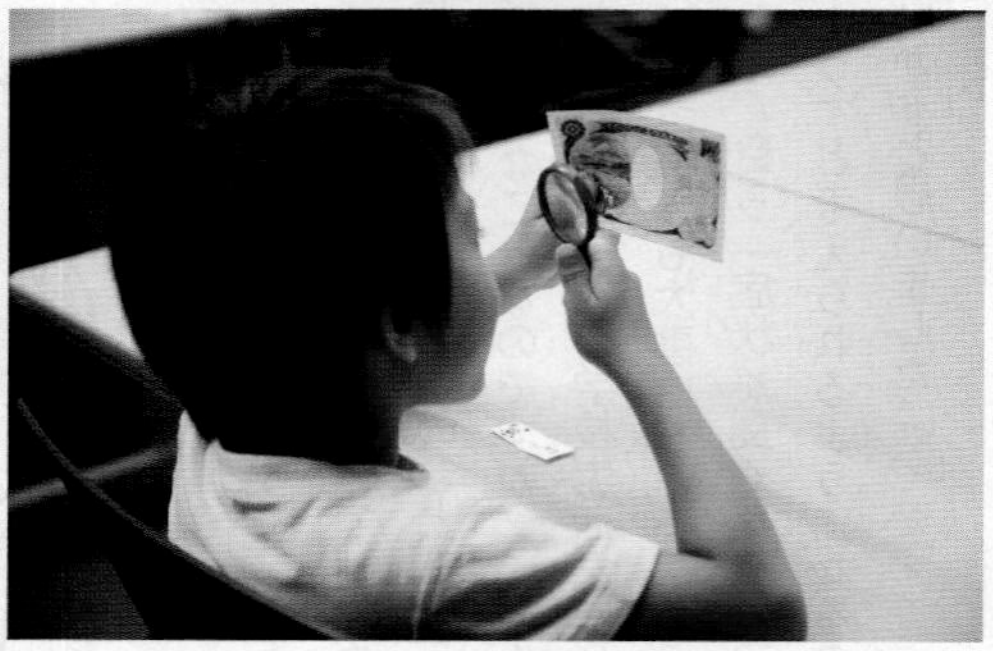

普段お金をよく見ることはないけれど、今日は千円札を虫眼鏡で観察します。するとお札の中に隠し文字が!さて何と印刷されているでしょう?よ〜く観察しないと分からないよ！

お金に関わるクイズを、すごろく形式で皆で考えます。グループごとに分かれてさあ挑戦！ 銀行にお金を預けると、100円を200円にするのに3600年かかる。マルかバツか?

やったー、答えあってたよ！！

お金って、いろいろあって面白い！

これはオーストラリアのお札。プラスチック製だから水にぬれても大丈夫

食費の全国平均は?など、参加した親御さんにとっても難しい問題も。子どものおこづかい、税金など国や社会のお金、お金のマナー等、色々な角度からお金について考えます。

参加の申し込み、問い合わせ

キッズ・マネー・ステーション
http://www.1kinsenkyouiku.com/index.html
〒166-0016 東京都杉並区成田西3−5−7、
株式会社イー・カンパニー内 TEL.03-6661-1955

大人も子どもも

本からマナブ

受験学年のみなさんは、段々と忙しくなっていることでしょう。
そんななかでも気軽に読める本を「子ども向け」で紹介します。

BOOKS COLLECTION 35

身のまわりの自然に目を向け 空想を楽しんでいきたい

子ども向け

『少年動物誌』

河合 雅雄 著
福音館文庫
700円＋税

この本は、動物学者、生態学者である著者が、自分の少年時代をモデルとして10の物語を集めて1冊の本としたものです。

それぞれの物語に登場する少年は、著者の少年時代であるとともに、読んでいる読者一人ひとりでもあります。興味あふれる動物が登場し、いきいきと描かれています。

大きな特長として、数多くの絵が入っていることがあげられます。見開き2ページの大きな絵も多く、物語の展開とともに、読みながら絵も楽しめる構造となっています。

この本におさめられている10の物語は、それぞれ独立していますから、目次を見て、興味のあるお話から読み始めることもできます。

ですから、あまり読書の時間をとることのできない受験学年のみなさんも、手軽にお話を楽しむことができるのではないかと思います。

著者が、最初から少年少女向けに書いた物語ですので、みなさんに理解しやすい表現で、会話も多く、だれもが楽しみながら読みすすめることができるはずです。ぜひ、手にとって読んでみてください。

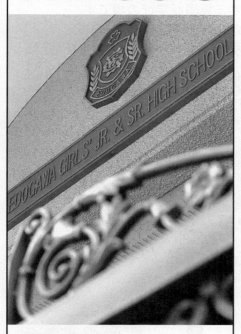

子どもとともに楽しく漢字を学ぶ

大人向け

『漢字再入門』

阿辻 哲次 著
中公新書
780円＋税

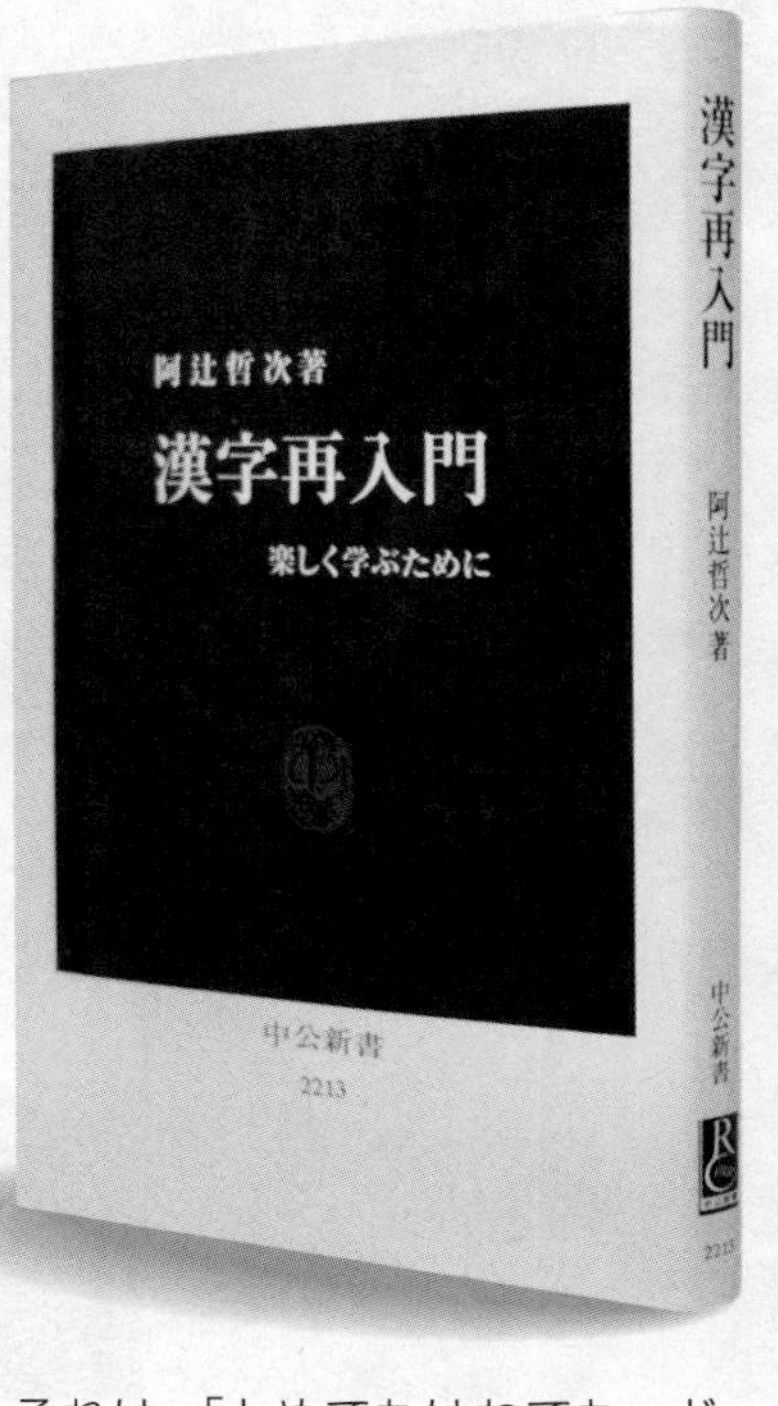

中学入試問題の国語では、ほとんどの学校で漢字の書き取りが出題されています。漢字は算数の計算問題とともに、確実に得点しておきたいジャンルです。

その漢字について、漢字学の第一人者である著者が、きわめて分かりやすく解説している本です。

著者は、「漢字の学習は、ほんの少しでも親しみを感じられるものであってほしい」という考えから本書を執筆しています。そして、特に、たくさんの漢字嫌いの人を作ってきてしまった学習方法や教え方を改めていこうと提案しています。

中学受験でも、しばしば話題となることに、漢字の書き取りにおける「とめ・はね」の問題があります。書き取りでは「とめ」るべき部分で「はね」ている場合には減点されるのだということで、厳しく指導していく立場もあります。「てへん」と「けものへん」以外は、「はね」ずに、「とめ」、と指導されることもあります。

この点についての著者の見解は、とてもはっきりしています。それは、「とめてもはねても、どちらでもいい」という立場です。文部科学省の「学習指導要領」にも、「はねる・はねない」などについて厳密に指導しなさいとは書かれていないと著者は強調します。

このように、子どもたちが漢字を学んでいく課程において、知っておいた方がいいことについて、具体的な事例を引きながら、説明が展開されています。

漢字に関する意外なエピソードや知識が満載です。お子さんとの話題の種に、読んでみてはいかがでしょうか。

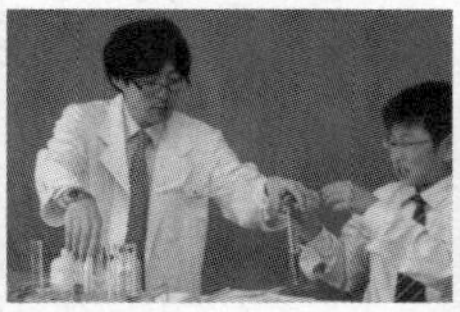

開智中学校

進化を続ける開智の先端創造クラス
自ら学ぶ姿勢を活かす先端創造クラスの授業

開智中学・高等学校中高一貫部に先端創造クラスが開設されて5年目に入り、生徒の自ら考え、学び、創造する能力を引き出す授業が、各教科で行われています。先端創造クラスの授業の特徴は、まず、班やクラス全体での学び合い・話し合いや、作業を通しての学びが多いことがあげられます。また板書による説明を少なくし、聞き取った内容を自分の言葉でノートに書きとめることを大切にすることや、生徒の疑問によって、さらに発展的な授業が組み立てられることがしばしばあることも大きな特徴です。今回は、それらの特徴を活かした社会、理科、哲学対話の授業を紹介します。

体験型・作業型の社会の授業

中学3年生の社会の授業を見学すると、「日露戦争の記事を当時の記者になったつもりで書いてみよう」という授業が展開されていました。まず、日露戦争に至った国際的経緯や、当時の日本の情勢などの説明があった後、日露戦争に関するビデオを見ると、新聞記事を書く作業が始まりました。後日、完成した新聞が教室に貼られました。そこには、日露戦争の情勢が、詳しく、わかりやすく書かれているだけでなく、当時の世相を反映した模擬広告なども載った、非常に読み応えのあるものに仕上がっていました。さらに、その次の授業では、いくつかの記事を題材に、生徒がディスカッションを行い、意見を出し合っていました。担当の伏木教諭は、「この授業では、生徒が物事を客観的な視点で捉える力を付けることを一つのねらいとしています。また、楽しく学ぶことができるので、生徒は興味・関心を持って、自分からどんどん調べていきます。このように、自ら学んで、本物の力を身に付けさせることが、もう一つの大きなねらいです。実際、生徒は楽しみながらも、こちらが驚くぐらい、いろいろなことを調べてきますよ」と言います。

この他、地理での地名クロスワードパズル作りや、歴史での時代劇など、先端創造クラスの社会では、体験型・作業型の手法が多く取り入れられています。教科責任者の高田教諭は、「いろいろなことに興味を持ち、好きになれる生徒を育てたいと思っています。そのために、各教員が授業に様々な工夫をこらしており、特に先端創造クラスはその工夫が多く盛り込まれています」と言います。

実験から気付く理科の授業

中学1年生の理科は、1分野と2分野に分かれ、それぞれ担当教諭がいます。低学年では理科が楽しいと思えることを目標に、実験を数多く行います。1学年の1分野担当、新井教諭は「実験を通して、気付きを展開します。実験ではグループ内

学校説明会・行事日程

	日　程	時　間	バス運行（東岩槻駅北口より）
学校説明会	10/19(土)	13:30～15:00	往路12:45～13:45 復路15:00～16:10
	11/ 9(土)	10:00～11:30	往路 9:15～10:15 復路11:40～12:40

その他（公開行事等）	日　程	時　間	バス運行
開智発表会 （文化祭）	9/15(日) 9/16(祝)	9:30～15:00 [16日はミニ説明会同時開催 10:00～、11:30～、13:00～]	東岩槻駅北口よりバスが運行されます。
入試問題説明会	12/ 7(土)	14:00～15:30(入試問題説明) 15:30～16:10(教育内容説明)	

すべての説明会、行事に予約は必要ありません。なるべく上履きをご持参ください。

でのやりとりをたくさんもてる仕掛けを用意しています。また、実験結果のレポートは、分かる生徒が分からなかった生徒に伝えることをねらって、ランダムに一人の提出をもとめ、極端に差がつかないように気をつけています。高学年になって、活字で示されたときイメージできるかどうかが鍵になりますから、低学年での経験は大切です」と言います。生徒たちの多くが「実験をすることで受験中に習ったことが本当だと分かるのが面白かった」「小学校に比べて実験の回数が半端なく多い」と感じているようです。

２分野担当の青木教諭は「受験を経て知識は持っていますが、実物を見たことのない生徒が多いのです」と言います。「体感して確かな知識にしてほしい」一方、本物をみるとテキストにある図とは異なるところが出てくるそうです。「観察を通して知ってほしい」と、外に出たり、実物を見せたりすることを数多く取り入れています。

新しい取り組み「哲学対話」

次に、中学1年生の先端創造クラスにおいて昨年から導入された「哲学対話」の授業を見学してみました。哲学対話とは、すぐには結論の出ないテーマ（哲学的な内容）について、クラス全体で話し合うという対話型の授業です。哲学対話の授業は道徳の授業のうち15時間を配当して、クラス担任のほかに、茨城大学・立教大学兼任講師の土屋先生のサポートを受けながら進められます。

見学した授業では、大学の先生や大学院生が生徒の輪のなかに入って、「過保護はいいか」について話し合っていました。実は、今回の授業に至るまでには、綿密な準備がなされており、２週間前に生徒全員が共通の絵本「大きな木」を読み、この絵本がテーマとしている内容についてグループで話し合い、１週間前には各グループから出されたさまざまな疑問やテーマをクラス全体で共有しました。そして、そのなかからクラスの生徒全員で話し合うテーマを決め、今回の全体での話し合いになるのです。

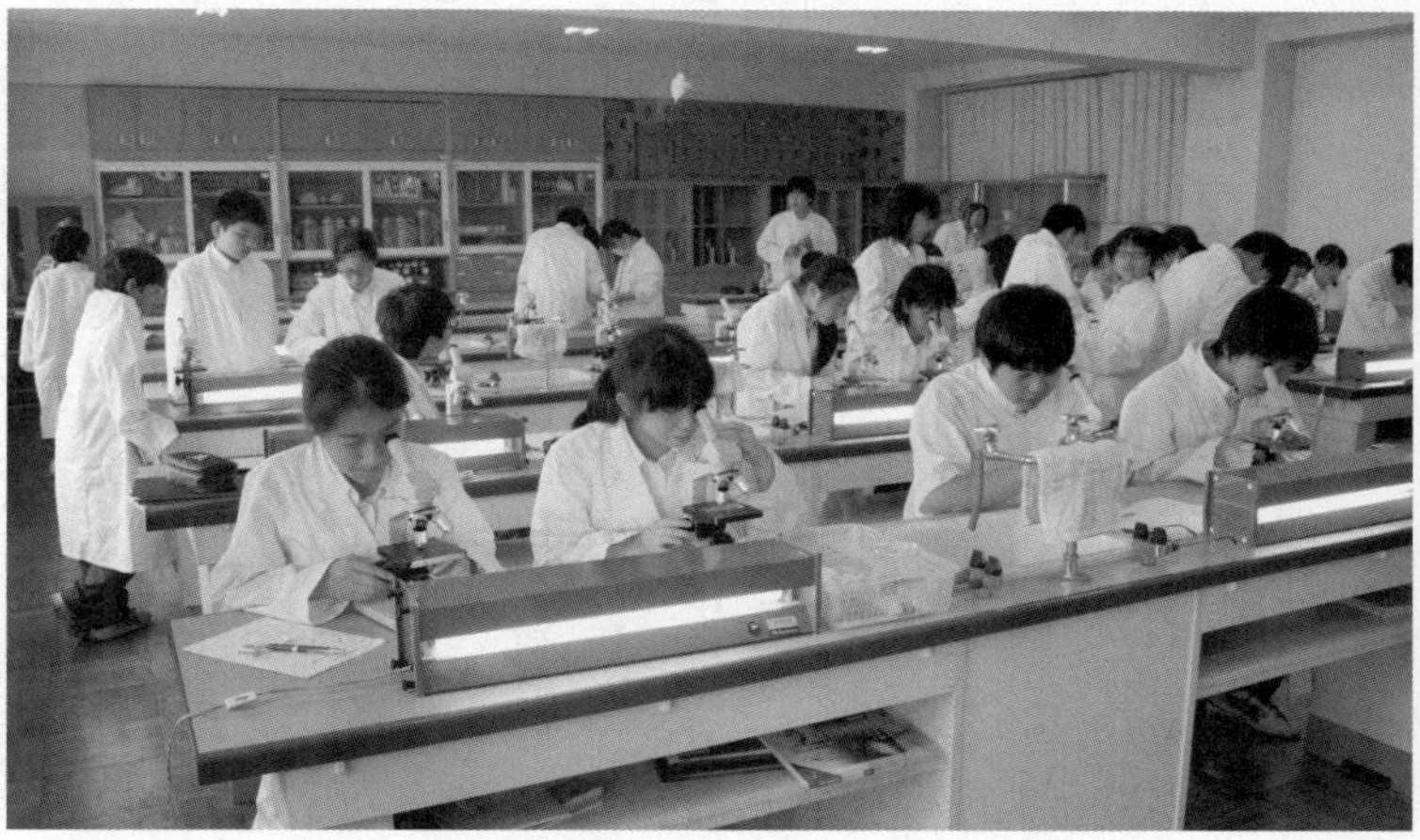

授業では土屋先生の司会のもと、「過保護はいいか」について、積極的な発言が続いていました。発言内容について「わからない」ことがあると遠慮なく他の生徒が質問したり、土屋先生の質問で少しずつ発言を始める生徒がいたり、そして、授業の最後にはクラス全員での大きな話し合いの輪になりました。「素朴な疑問について深くまで考えていくのは面白い」「本音が言える」「いつもはあまり考えないようなテーマでみんなと話すのは楽しい」「普段話さない人の意見も聞ける」「相手の気持ちを理解するためのものなのでとてもいいと思う」は、生徒たちの感想です。フランスで始まった哲学対話は今、開智の授業のなかで生かされ、生徒の成長に大きく役立つものと思われました。

このように、先端創造クラスでは、生徒が自ら考え・学び・創造する授業が実践されています。今春の大学入試では、東大10名（現役９名）、国公立医学部12名（現役10名）、早慶１３７名（現役１２５名）が合格を果たしましたが、今後これらの取り組みで、難関大学への合格実績をさらに伸ばすことを期待されています。

大学入試センター試験の行方に中学生は注目しておく必要あり

入学資格制への流れが見え 大学入試制度に変化の兆し

本稿が読まれる頃には、メディアによって報じられていると思いますが、大学入試の変化を予想させる出来事について触れておきます。

それは、インターナショナルバカロレア（以下ＩＢと略称）という、インターナショナルスクールのカリキュラムの卒業資格であるＤＰ（ディプロマ）についてです。欧米の大学はこのＤＰを入学資格としていますが、まだ日本の大学の多くはそのような対応をしていません。

文科省は一昨年、ＩＢの認定校を全国に２００校つくる計画を公表しましたが、その道筋はよく見えていませんでした。ＩＢのＤＰをとったとしても、日本の大学には長年の入試制度があり、肝心の入学資格が得られないのではメリットを感じませんからね。

ところが大学入試の代わりに、このＤＰを用いる、という方向が見えてきたのです。インターナショナル国際機構（ＩＢＯ）と文科省が協力して、藤崎一郎・前駐米大使をヘッドとする、我が国にＩＢを導入する際の障害が何かを検討する、「国際バカロレア」の普及策を考える有識者会議が発足、7月31日に初会合を開いたからです。

この委員会の構成がすごくて、東大、京大、筑波大、早大、慶應大などの副学長クラスが顔をそろえています。もちろん委員に入っているからといって、必ずしもこれらトップ大学がただちにＩＢ認定に傾くか否かは不明です。しかし、まずは認定した場合どのような不都合があるのかという議論のテーブルについたわけで、少なくとも近い将来のＩＢ認定に途を拓くものといえます。

すでに現在の大学入試センター試験は5年後に廃止ということが決まっており、新しいセンター試験は到達度評価にするとのことですから、高校卒業認定の考え方をとる、ということを意味します。

このセンター試験廃止↓新センター試験導入という動きと、ＩＢのＤＰ認定という動きは、実は考え方は同じ、ということです。

大学関係者の合意は未だとりつけられてはいませんが、政府の教育再生会議で新センター試験の大きな方針が示されたことで、おおよそこの方向に進むだろう、と思われます。

そうなれば同じ在り方ともいえる、ＩＢのＤＰを大学入学資格として認めないわけにはいかないでしょう。もちろん、そこにはなんらかの留保がつくかもしれませんが、方向として、また理屈としてはそうなるはずです。

入学資格制になれば それなりの厳しさもある

これより先、ＩＢカリキュラムを中高に導入する研究を行う学校間の協議会が東京学芸大学内に事務局をおいてすでに発会しています。

ここには30余校の国公私立中・高が参加していて、中心メンバーである東京学芸大附属国際中等教育学校と海城中高は、前記の「国際バカロレア」の普及策を考える有識者会議に委員を出しています。このあたり、実務的な成果が期待できるのではないか、と考えています。

こうした動きから、そう遠くなくＩＢの日本の大学入試における位置づけが明確になると思います。

日本の難関大においても、欧米なみにＩＢのＤＰが入学資格となれば、日本の大学入試はガラリとその様相を変えるでしょう。

ＤＰの認定についてみてみると、現状では３日間の認定審査があり、

中学受験WATCHING

NAVIGATOR

森上 展安
もりがみ・のぶやす
森上教育研究所所長。
受験をキーワードに幅広く教育問題をあつかう。
保護者と受験のかかわりをサポートすべく「親のスキル研究会」主宰。
近著に『入りやすくてお得な学校』『中学受験図鑑』などがある。

基本的には提起された問題に対する口頭試問が長時間行われる、かなりハードな関門です。よほどよくカリキュラムをこなしていなければスコアは低くなります。このスコアの高低によって入学資格を与える大学が異なってくるわけです。

当然ですが、世界的な名門大学では、これらのスコアは高い水準を要求されます。とはいうものの、その要求水準は従来の教科学習で求められるテスト学力に比べれば、高いものではないかもしれません。

しかし、予想される出題は、いずれもどこかで解いた文章題ではなく、多くが現実的に生起していて未知の問題の解決策を尋ねるものです。その回答はひとつではありません。試問への答えは説得力のある解決策である必要もあります。

そこで求められるのは正確な「知識」と、解決策にいたるロジックです。また、これを相手に伝える表現力ともいえます。

こうした力は一朝一夕につくものではなく、やはり2～3年のカリキュラムで身につくものです。ちなみにDPのカリキュラムは日本の高2、高3に該当します。

現在のような大学入試制度のもとでは一般入試とDPの両方に対応するのはかなり大変です。これが、IBのDPのみに対応していれば日本の大学も大丈夫だよ、ということになり、問題はなくなるでしょう。

しかし、ここで大問題がもうひとつあります。実はDPは英語ですべて審査されます。学習も全て英語です。もちろん、日本史などは日本語でよいのですが、DPのよさは、海外大学2000校のなかから選択できる、ということなのですから、海外大学に進学することも傍目で見つつの話になります。通常、大学数校からお誘いを受け、いずれかを選ぶということになります。

6年後のことですから随分と先の話と言えなくもありませんが、こうした選択肢が進路として出てきたということは非常に注目すべきことと思い筆をとりました。

共立女子第二中学校

The Second Kyoritsu Girls' Junior High School

～伝統と改革～
自立した女性の育成を
目指す共立第二の進化

大学施設を中・高の校舎としてリニューアルし、2011年1月に新校舎に移転した共立女子第二中学校高等学校。豊かな自然に囲まれた広大な敷地、そして生活空間としても快適に過ごせるよう設計された校舎で、生徒たちは落ち着いて勉強に取り組んでいます。また、先取り学習導入を中心に据えた「教育制度改革」も順調に進んでおり、進学校としての機能を強化しつつ、のびやかでしなやかな女性の育成を目指す教育をさらに進化させています。

■豊かな自然と充実の施設
安心の進学システム

共立女子第二中学校高等学校は、誠実・勤勉・友愛という校訓の下、高い知性・教養と技能を備え、品位高く人間性豊かな女性の育成に取り組んでいます。豊かな自然や充実した施設を背景に、また共立女子大・短大の推薦合格を得ながらも外部大学も受験が可能な安心の進学システムの下に、伸び伸びとした教育を展開しています。

■新校舎はすべてがカレッジ水準
居心地の良さが最大の特徴

一昨年より利用が開始された新校舎の中心となる1号館には、各階に「オープンスペース」（全4室）が設けられています。コンセプトは「個々の居場所をさまざまなスタイルで共有するスペース」。勉強中心の教室とは別の空間をつくることで、生徒にとって家庭のように居心地のよい場所を提供したいという思いが込められています。生徒の多くがこのスペースを使って、休み時間に読書をしたり、自習したりしています。机や椅子を移動させることもできるので、グループ討議にも使用可能と、思い思いのスタイルで活用できる嬉しいスペースです。また、教師とのコミュニケーションの場ともなっており、積極的に質問をする生徒も増えました。

この1号館などいくつかの校舎に囲まれた、バラ園も広がる美しい中庭。ブラウジングコーナー、文芸図書コーナー、学習閲覧室など、多彩な顔を持つ広い図書館。さらに自習室やランチコーナーなども新たに設置され、生徒一人ひとり、いつもどこかに居場所がある、そんな居心地のよいキャンパスとなっています。

■先取り学習導入による
進学指導の強化にも注力

より付加価値の高い「進学校」を目指して、大規模な教育制度改革にも取り組んでいます。その先駆けとしてすでに平成21年度から、中学3年、高校1年にAPクラス（Advanced Placement Class）を導入し、難関大学進学を視野に入れて

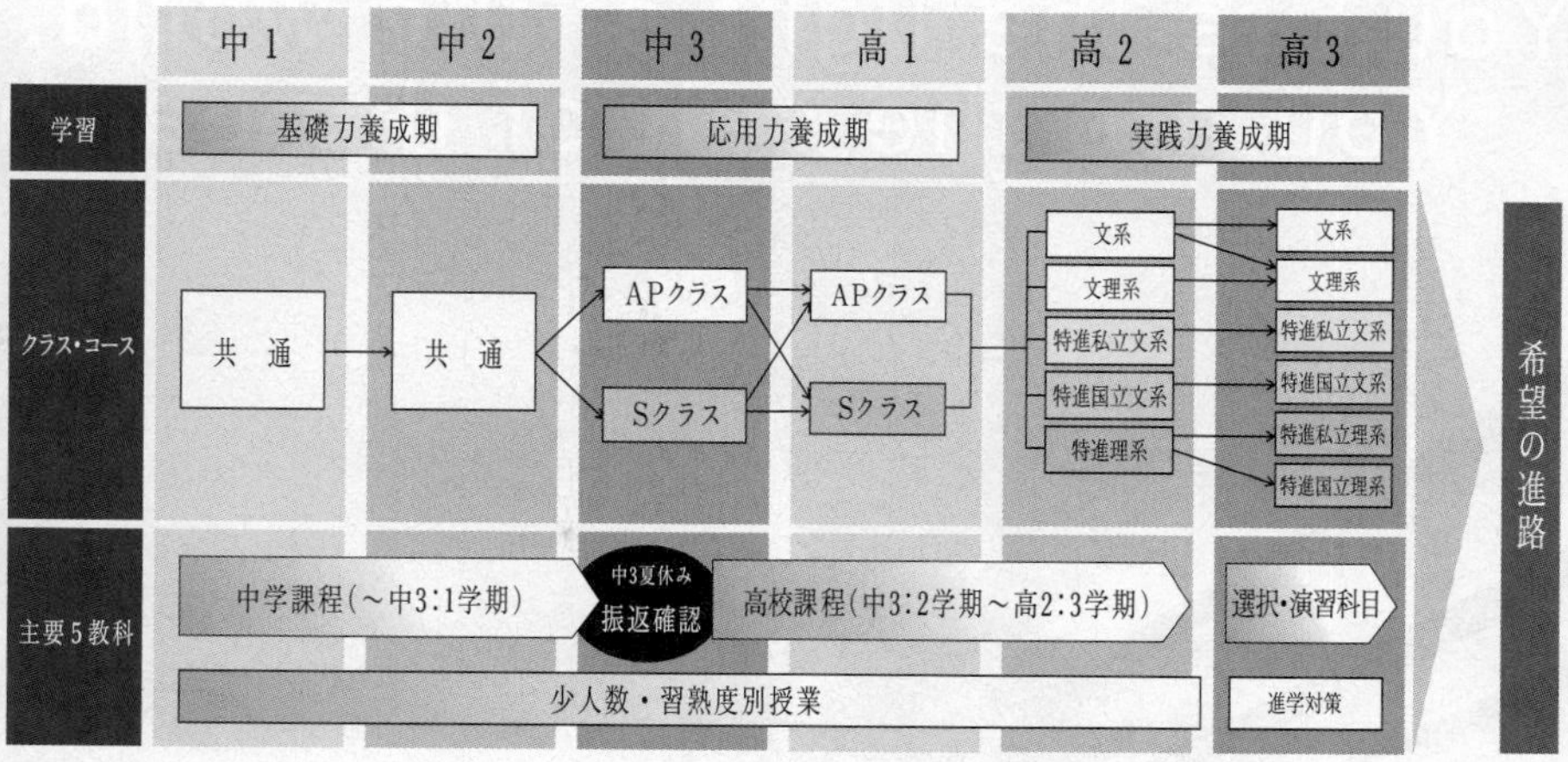

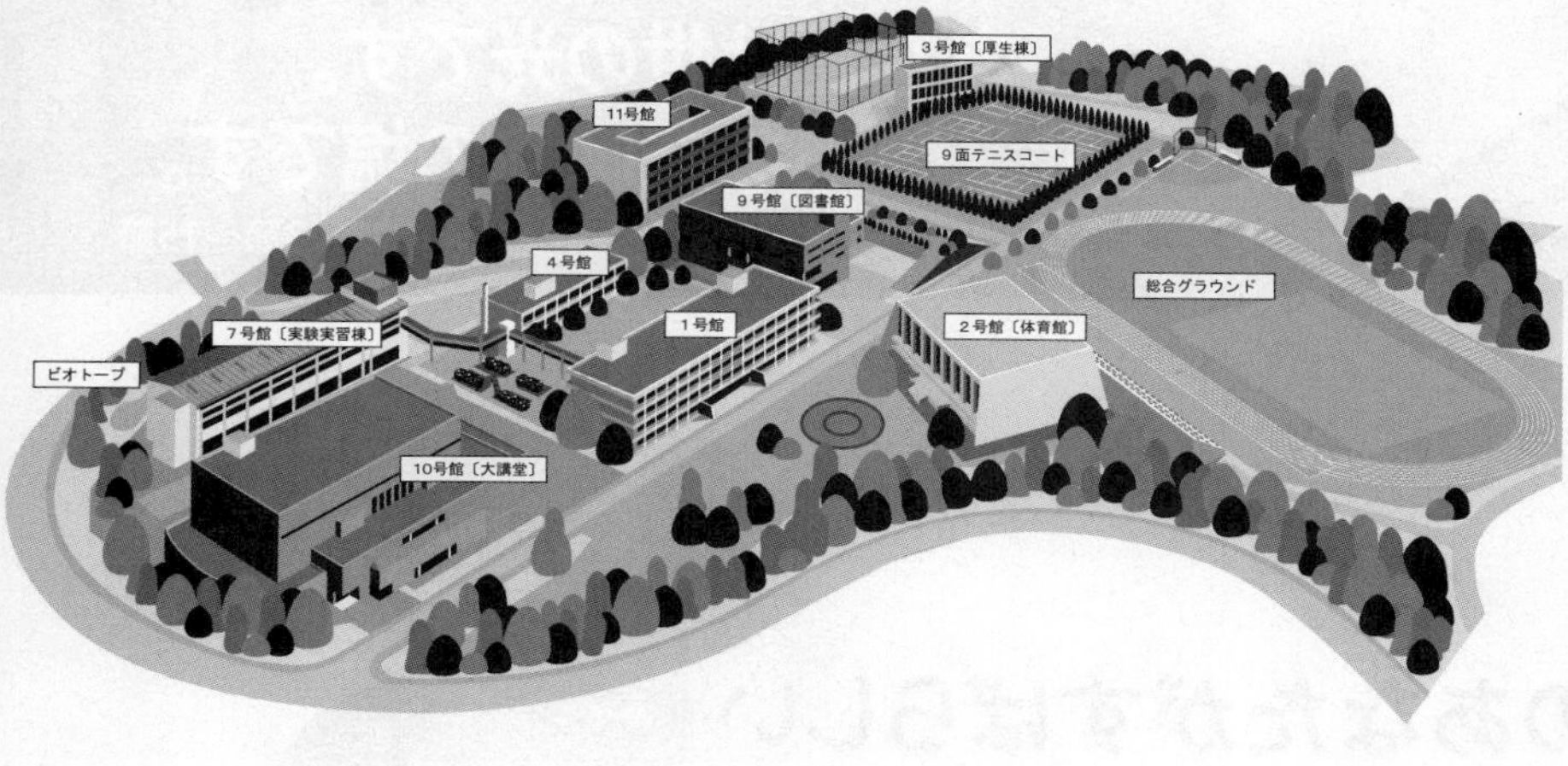

深化・発展した授業を行っています。

さらに23年度からはカリキュラムの改定も実施。中3の1学期までに中学過程を終了し、2学期から高校課程に入る先取り学習を、主要5教科すべてで開始しました。中学3年の夏休みを「中学課程全体の振り返り・確認の期間」と位置づけ、確かな基礎学力の定着を図っています。

また、無理なく先取り学習を推進できるように主要5教科の単位増を行い、行事も見直すなど、年間授業日数の増加にも取り組んでいます。

■適性検査受験・給付奨学金制度 ～魅力的な入試制度

一般的な2科・4科試験に加えて、中高一貫校と同様の適性検査型入試も実施しています。午後入試は時間差を設けてスタート時間を選べるようになっており、受験しやすい体制を整えています。

また、入試の合計得点率により入学金や授業料等を免除する「給付奨学金制度」も設けています。S奨学生では、授業料や施設設備費を3年間免除します。適性検査型入試でもこの制度は導入されています。

◇文化祭(白亜祭)

9月14日(土) 10:30～15:30(受験生公開日)

◇学校説明会

9月 7日(土) 10：30～(授業参観あり)
10月19日(土) 14：00～(体験授業あり)
11月 7日(木) 10：30～(授業参観あり)
12月 7日(土) 14：00～(入試問題解説あり)
1月11日(土) 10：30～(適性検査型入試用)
1月12日(日) 9：30～(※入試体験：要予約)

※受験生には過去問による入試疑似体験、保護者には説明会を実施。

共立女子第二中学校

〒193-8666 東京都八王子市元八王子町1-710 TEL：042-661-9952 FAX：042-661-9953
e-mail.k2kouhou@kyoritsu-wu.ac.jp

【アクセス】
※ JR中央線・横浜線・八高線「八王子駅」南口よりスクールバスで約20分
※ JR中央線・京王線「高尾駅」より徒歩5分の学園バスターミナルよりスクールバスで約10分

そのままのあなたがすばらしい

入試説明会
［本学院］ ※申込不要

9. 7（土）
9:30～11:00
終了後 校内見学・授業参観（～11:30）

10.11（金）
10:00～11:30
終了後 校内見学・授業参観（～12:00）

11.17（日）
14:00～15:30
終了後 校内見学（～16:00）

校内見学会
［本学院］ ※申込必要

9. 21（土） 10:30～11:30（終了後DVD～12:00）
10. 5（土） 10:30～11:30（終了後DVD～12:00）
11. 2（土） 10:30～11:30（終了後DVD～12:00）
1. 7（火） 10:30～11:30（終了後DVD～12:00） ＊6年生対象
1.18（土） 10:30～11:30（終了後DVD～12:00） ＊6年生対象
2.15（土） 10:30～11:30（終了後DVD～12:00） ＊5年生以下対象

【申込方法】
電話で「希望日」「氏名」「参加人数」をお知らせください。

過去問説明会
［本学院］ ※申込必要

11.30（土）
● 6年生対象
14:00～16:00（申込締切 11/20）

【申込方法】

ハガキに「過去問説明会参加希望」「受験生氏名（ふりがな付）」「学年」「住所」「電話番号」、保護者も出席の場合は「保護者参加人数」を記入し、光塩女子学院広報係宛にお送りください。後日受講票をお送りいたします。

公開行事
［本学院］ ※申込不要

［親睦会（バザー）］
10.27（日） 9:30～15:00
生徒による光塩質問コーナーあり

光塩女子学院中等科

〒166-0003 東京都杉並区高円寺南2-33-28 tel.03-3315-1911（代表） http://www.koen-ejh.ed.jp/
交通…JR「高円寺駅」下車南口徒歩12分／東京メトロ丸の内線「東高円寺駅」下車徒歩7分／「新高円寺駅」下車徒歩10分

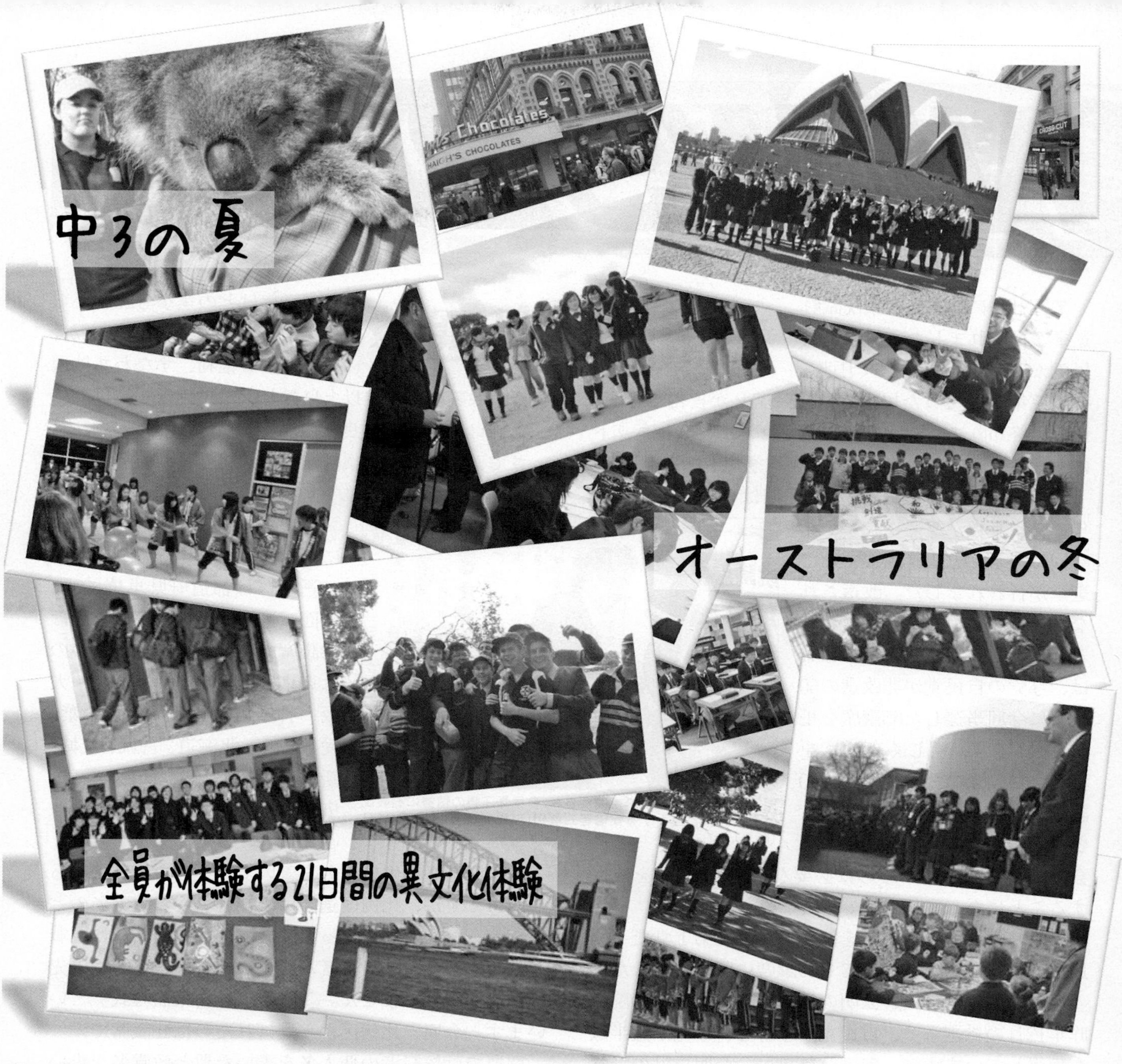
中3の夏
オーストラリアの冬
全員が体験する21日間の異文化体験

～ぜひ一度、ご来校ください。きっと伸びる理由が見つかります。～

プレ学校説明会

8月24日(土)・25日(日)　13:00～(ミニ説明会)

学校説明会 会場:本校(予約不要)

第2回	9月 7日(土)	14:00～(体験学習 14:00～15:15)
第3回	10月19日(土)	14:00～(体験学習 14:00～15:15)
第4回	11月13日(水)	10:00～(在校生プレゼンテーション・授業見学あり)
第5回	12月 7日(土)	10:00～(入試本番模擬体験：要予約 9:00～11:30)
第6回	1月11日(土)	14:00～(入試直前10点アップ講座)

■学校見学は随時受付中　■詳細はHPをご覧下さい

京王線北野、JR八王子南口
JR・西武線拝島より

スクールバス運行中。片道約20分。電車の遅れにも

●ホームステイの様子は 工学院中 ホームステイ で 検索

工学院大学附属中学校
JUNIOR HIGH SCHOOL OF KOGAKUIN UNIVERSITY
〒192-8622　東京都八王子市中野町2647-2

TEL　042-628-4914
FAX　042-623-1376
web-admin@js.kogakuin.ac.jp
http://www.js.kogakuin.ac.jp/junior/または「工学院大学附属中学校」で検索

八王子駅・拝島駅よりバス

NEWS2013

参議院議員選挙

7月21日に第23回参議院議員選挙が行われました。結果は自民党が65議席を獲得して圧勝、参議院第1党だった民主党は17議席しか獲得できず、惨敗に終わりました。今回の選挙は、インターネットによる選挙運動が解禁された初の選挙でもありました。

参議院の議員定数は242で、任期は6年ですが、3年ごとに半数が改選されます。今回は半数の121議席について選挙が行われました。改選されなかった非改選の議席と合わせると、新しい参議院の勢力分布は、与党の自民党が非改選の50議席に今回当選した65議席を足して115議席、同じく11議席を獲得した与党の公明党が合計20議席で、与党の合計は135議席となり、安定多数（全常任委員会の委員長を独占するのに必要な議席数129）を確保することになりました。

第23回参議院議員選挙が開票され、自民党圧勝の情勢に石破茂幹事長（左）と握手する安倍晋三首相（自民党総裁）＝7月21日（時事）

反対にこれまで86議席を持ち、参議院第1党だった民主党は非改選と合わせても59議席に留まりました。

現在の政権は自民、公明の連立政権です。衆議院は昨年12月の総選挙で、自民党が圧勝し、与党が過半数を獲得していますが、参議院は自民、公明以外の野党が過半数を占める「ねじれ現象」が続いていました。「ねじれ現象」下では、与党が出した法案が衆議院で可決されても、参議院で否決されるため政権運営が不安定であるとされています。その現象が、今回の参議院選挙で、与党が圧勝して解消されたわけです。

選挙権はどの選挙も20歳から持てることになっていますが、立候補する権利、すなわち被選挙権は衆議院の25歳以上に対し、参議院は30歳以上です。これは参議院が「良識の府」とされているからです。

さて、ここで、参議院選挙の仕組みについてみておきましょう。少し複雑です。

参議院選挙は選挙区と比例区に分かれています。

選挙区は都道府県単位です。今回、選挙区から選ばれたのは73議席です。最も定数が多いのは東京選挙区で5、次いで、大阪、神奈川の4、埼玉、千葉、愛知の3、北海道、宮城、茨城、新潟、長野、静岡、京都、兵庫、広島、福岡の2で、残りは定数1です。

選挙区選挙は候補者名を書いて投票しなければならないのですが、比例区選挙は候補者名か、政党名のどちらかを書くことになっています。政党の名簿に記載された候補者から当選者が決まりますが、名簿は優先順位をつけていません。これを「非拘束名簿式」といいます。今回、比例区から選ばれたのは48議席です。

開票では候補者の個人名を書いた票と政党名を書いた票を合計して、政党に議席を配分していきます。これを「ドント式」といいます。そして同じ党内で、個人名による得票数が多かった候補者から順に議席を割り当てていきます。

次の参議院選挙は、3年後の2016年に行われます。

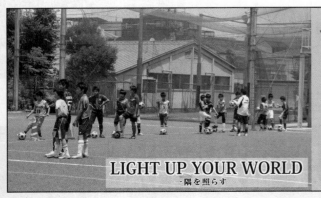

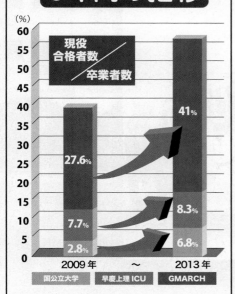

入試問題ならこう出題される

入試によく出る時事ワード

基本問題

参議院の議員定数は①　　　で、任期は②　　年ですが、③　　年ごとに半数が改選されます。

選挙権はどの選挙でも④　　歳から持っていますが、立候補する権利である被選挙権は衆議院の⑤　　歳以上に対し、参議院は⑥　　歳以上です。

2013年7月の第23回参議院議員選挙では、与党である⑦　　党と⑧　　党が合わせて135議席を獲得、⑨　　多数を得ることとなりました。⑨　　多数とは、参議院全常任委員会の委員長を独占するのに必要な議席数129を得ることです。

参議院議員選挙は⑩　　区と⑪　　区に分かれています。⑩　　区選挙は候補者名を書いて投票しなければならないのですが、⑪　　区選挙では候補者名か、政党名のどちらかを書きます。

発展問題

国会の「ねじれ現象」とはどんなことか100字以内で説明しなさい。

基本問題　解答

①242　②6　③3　④20　⑤25　⑥30　⑦自民または公明　⑧公明または自民　⑨安定　⑩選挙　⑪比例

発展問題　解答（例）

衆議院で与党が過半数の議席を持つ一方で、参議院では過半数に達していない状態のこと。ねじれ現象下では与党が出した法案が衆議院で可決されても、参議院で否決されるため政権運営が不安定であるとされています。(100字)

ジュクゴンザウルスに挑戦！

熟語パズル

「熟語のことならなんでも知ってるぞ」っていうジュクゴンザウルスが、「このパズル解けるかな」っていばっているぞ。さあ、みんなで挑戦してみよう。

〈答えは106ページ〉

1		6	■
	■	2	7
3	5	■	
■	4		

■ヨコのカギ

1 物事に対して一途に思いこむ性質。また、そのさま。

2 ボールの音。特に野球で、ボールを打つ音や捕る音をいう。

3 不要なことに金銭を使うこと。また、様々なことで金銭を多く費やすこと。

4 政治を職業とし、専門的にこれに携わる人。議会の議員を指すことが多い。

■タテのカギ

1 わき目もふらずに走るさま。「○○○に走る」。

5 国、または地方公共団体、さらに個人・家庭・団体などの経済状態。

6 熱した空気や大気より軽い水素・ヘリウムなどのガスを袋内に満たし、空中に浮揚させるもの。ゴンドラをつるして人が乗り込むこともできる。

7 作曲・指揮者・声楽家・器楽演奏などを専門とする人。

【問題】

三字熟語と二字熟語でつくられたクロスワードパズルです。左のカギをヒントにクロスワードを完成させてください。

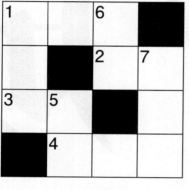

渋谷教育学園幕張中学校・高等学校

〒261-0014 千葉市美浜区若葉1-3　TEL.043-271-1221（代）　http://www.shibumaku.jp/

智の美・芸(わざ)の美・心の美

「知性」が「感性」を支えるという考えは変わらず、中高ともに美術と学習の両面を重視する教育を実践してきました。

本校の進路実績では、毎年約9割が美術系に進路をとりますが、これは生徒自らが進路を選んだ結果です。

美術系以外の大学に進む者も例年ありますが、この生徒たちと美術系に進む生徒たちに差はありません。

皆「絵を描くことが好き」というところからスタートしたのです。

それは勉強にも生かされます。物を観て感性がとらえ、集中して描くことは、勉強に興味を持ってそれを学問として深めていく過程と同じなのです。

そして絵を描くことで常に自分と向き合う時間を過ごし、創造の喜びと厳しさも知ることで絵と共に成長するのです。

それが永年の進路実績に表れています。

■平成25年度　受験生対象行事

9月28日(土)	公開授業	8:35～12:40
10月5日(土)	公開授業	8:35～12:40
	学校説明会	14:00～
10月26日(土)	女子美祭(ミニ説明会実施)	10:00～17:00
10月27日(日)	〃	〃
11月16日(土)	公開授業	8:35～12:40
11月30日(土)	公開授業	8:35～12:40
	学校説明会	14:00～
12月7日(土)	ミニ学校説明会	14:00～
1月11日(土)	ミニ学校説明会	14:00～

■女子美祭
10月26日(土)～27日(日)
付属中学・高校・大学まで同時に開催される
本校のメーンイベントです。
生徒全員の作品展示のほか、盛りだくさんの
内容でお待ちしています。

■女子美二ケ中学生・高校生美術展
9月27日(金)～10月5日(土)
10:00～17:00　本校エントランスギャラリー

■高等学校卒業制作展
3月2日(日)～3月8日(土)
10:00～17:00　東京都美術館

●本校へのご質問やご見学を希望される方
には、随時対応させて頂いております。

お気軽にお問い合わせください。

女子美術大学付属高等学校・中学校

〒166-8538　東京都杉並区和田 1-49-8　TEL 03 - 5340 - 4541　URL http://www.joshibi.ac.jp/fuzoku/

＼ 親子でやってみよう ／

科学マジック

意外と仲がいい金網と水の関係

今年の夏は暑かったですね。そしてまだまだ残暑も続きます。そこで今回は、水を使った涼しげなマジックをご紹介しましょう。お母さんと一緒に台所にあるものを使ってやってみよう。周囲が水でぬれることがあるので、タオルなども用意しておきましょう。

1 用意するもの

水を張った洗いおけ、ザルまたはフルイ（台所にある金網を張ったもの）、コップ（透明のコップの方が、なかがよく見えるので不思議さが増します）。

2 ザルを沈めます

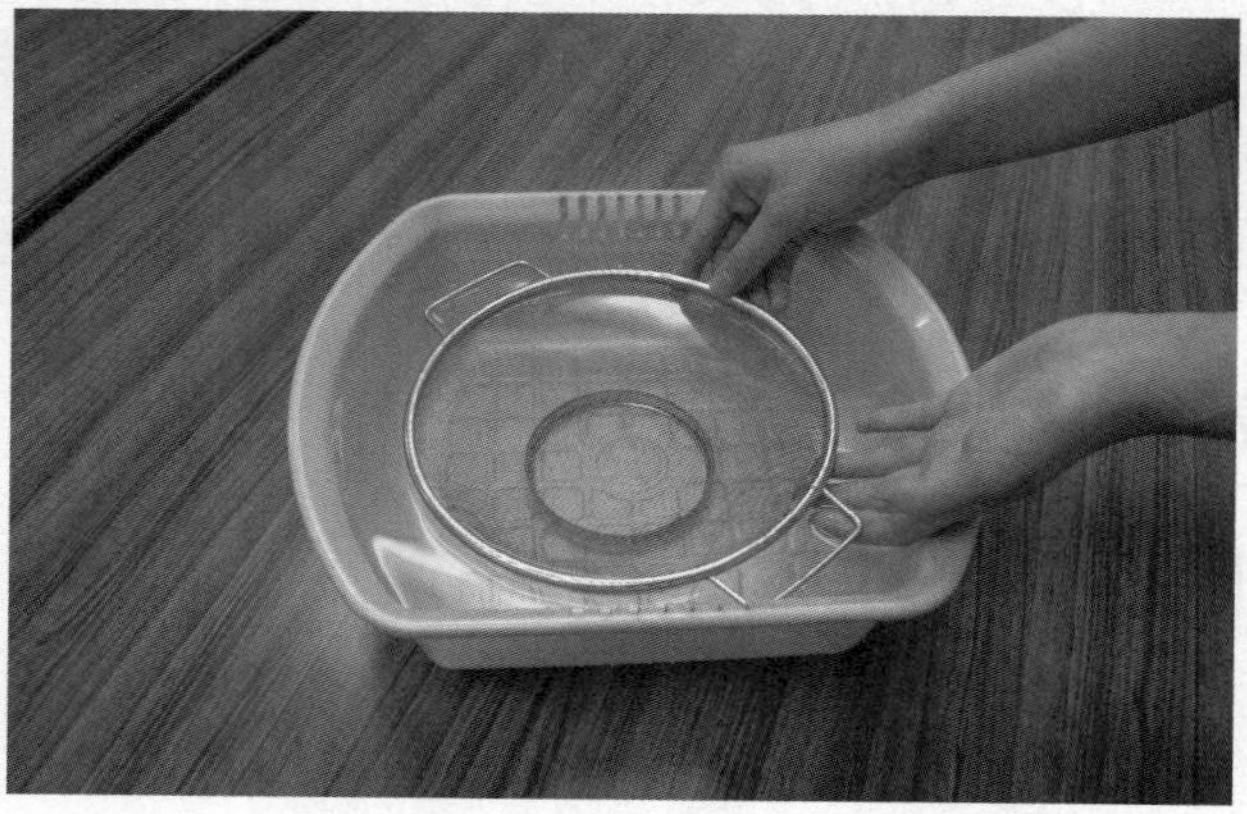

用意したザル（またはフルイ）を、洗いおけの水のなかにそっと沈めます。金網の間に空気や泡が残らないようにします。

～ 学校説明会 ～ 要予約

＜第１回＞ 9/29（日） 10:40～12:00
・説明会「世界とつながる英語」
・理科体験授業

＜第２回＞10/26（土） 13:30～15:00
・説明会「五感で感じる理科」
・英語体験授業

＜第３回＞11/2（土） 13:30～15:00
・説明会「まとめて書いて発表する」
・入試練習会（国語・算数）

＜第４回＞11/23（祝） 10:40～12:00
・説明会「入試傾向と対策（２科）」
・入試解説（国語・算数）

＜第５回＞12/15（日） 10:40～12:00
・説明会「入試傾向と対策（４科）」
・入試練習会（国語・算数）

～ オープンスクール ～ 要予約

＜第２回＞10/8（火） 10:00～12:30
説明会・授業見学・給食試食会

※給食試食会は、食費500円がかかります。
※説明会のみのご参加の場合は、参加申し込み不要です。

～ 親と子の天体観測会 ～ 要予約

＜第４回＞ 9/26（木） 18:00～19:30
＜第５回＞10/30（水） 17:00～18:30
＜第６回＞11/27（水） 17:00～18:30

千葉明徳中学校

〒260-8685
千葉県千葉市中央区南生実町 1412
043-265-1612（代表）

■京成千原線「学園前」駅下車徒歩1分■JR外房線「鎌取」駅南口より小湊バス「千葉駅行き」にて「北生実」バス停下車徒歩約3分■JR内房線・京葉線「蘇我」駅東口より小湊バス「明徳学園行き」にて終点下車
http://chibameitoku.ac.jp/junior/

3 コップを逆さまに沈めます

コップを逆さまにして、なかに水が満杯になるように（少し空気が入っても大丈夫）、ザルのうえに沈めます。

4 持ちあげても水がこぼれない

そっとザルを空中に持ちあげてみましょう。不思議、不思議、そのまま持ちあがりコップのなかの水はこぼれません。強く揺すると水はこぼれますが、金網と水、こんなに仲がよかったんですね。

解説

水は、水分子という小さな粒が集まってできています。この粒はお互いに引っ張ぱりあい、特に水の表面では強く内側に引っ張ぱりあって、表面積をできるだけ小さくしようとしています。この力を「表面張力」といいます。ザルには金網が張ってあり、網目のところでは、大気圧が水を下から押しあげ、さらに表面張力が、水をコップの内側に引っ張ぱりあげようとしています。こぼれ落ちようとする水の重さ（重力）よりも、下から押しあげる大気圧と引っ張ぱりあげようとする表面張力を合わせた力の方が大きいので、水はこぼれないのです。

SENZOKU

洗足学園は、今春、輝く新しい道を切り開きました。
女性の活躍がさらに強く求められてくる時代に向かって、
より大きく可能性を拓いていくために、
私たちは常に挑戦し続けています。
また少し新しい洗足を、是非見に来てください！

Information2014

一般対象 学校説明会	**10/8（火）** 10:00～12:30 授業見学可　**11/30（土）** 14:00～16:30 体験授業実施
帰国生対象 学校説明会	**10/29（火）** 10:00～12:30 授業見学可
Night説明会	**9/27（金）** 19:00～20:30　※8月以降予約開始
入試問題説明会	**12/22（日）** ●午前の部 8:30～12:30 ●午後の部 13:30～17:30　※11月以降予約開始
オープンキャンパス	**11/ 2（土）** 14:00～18:00 英語授業体験やクラブ活動体験を実施予定　※9月以降予約開始
洗足祭	**9/15（日）・16（祝）** 9:00～15:00 ※入試相談コーナー開設

洗足学園中学校
〒213-8580 神奈川県川崎市高津区久本2-3-1　Tel.044-856-2777
URL　http://www.senzoku-gakuen.ed.jp

学ナビ!!
School Navigator
vol. 047

東京都　北区　女子校
女子聖学院中学校
JOSHISEIGAKUIN Junior High School

女子聖学院は1905年（明治38年）に創立されたミッションスクールです。初代院長バーサ・クローソンは米国のプロテスタント教会から派遣された宣教師でした。

女子聖学院の教育の基盤はキリスト教による人間教育です。生きることの尊さと学ぶことの意義を伝えています。学校生活の1日は毎朝15分の礼拝から始まります。美しいチャペルで心を合わせて讃美歌を歌い、聖書を読み、お話を聞き、若い心が育っていきます。

また、礼拝のほかに、キリスト教に基づく「人間教育プログラム」を実施しています。具体的には、中1で「いのち」を主題とする「翠の学校」、中2での「自己啓発」を主題とする遠足や講習会などがあります。

自分らしく 意欲と強い意志の形成

◇特色ある学習支援システム◇

教科と進路の教育にも十分な力が注がれています。中学・高校といった枠にとらわれることなく、一貫教育だからこそできるプログラムが組まれています。

中学校では、自分で学習する習慣と基礎力、そして学ぶ楽しさを身につけます。中1では少人数のクラス編成で、知識の着実な定着をはかります。

特に力を入れている英語では、中学3年間全て少人数で授業が行われ、中2・中3の英語は1クラスを2分割した少人数編成でコミュニケーションを重視しています。

高校では、そうして固めた基礎を礎に、大学受験に必要な学力を磨いていきます。

高校からの募集はなく、女子のみの完全中高一貫校のため、6年間を共にする同学年約200名の仲間たちは生涯の友となります。また、中高が同じ校地のひとつの校舎に入っているので、6学年の一体感があります。こういった環境から安定した人間関係育むことができ、勉学や諸活動にも励むことができます。

School Data
女子聖学院中学校
東京都北区中里3-12-2
JR線「駒込」徒歩7分、地下鉄南北線「駒込」徒歩8分、JR線「上中里」徒歩10分
女子のみ446名
03-3917-2277
http://www.joshisei.netty.ne.jp/

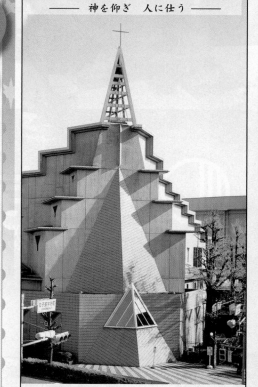

学ナビ!! School Navigator

vol. 048

神奈川県　横浜市　共学校

森村学園中等部

MORIMURA GAKUEN Junior High School

自分の進むべき「路」を森村学園で

創立100周年を記念した全校舎の大規模整備を、2011年（平成23年）に終えた森村学園。東急田園都市線つくし野駅から徒歩5分というアクセス良好な場所に立地しながらも、正門をくぐれば、校舎、グラウンド、テニスコートなど学園全体が一望でき、背後には広大な自然が広がります。感受性の強い多感な6年間を過ごすには、この緑あふれる学び舎は、非常に魅力的だといえるでしょう。

◇多角的に「路」をみつける◇

現在のTOTO、ノリタケ、日本ガイシなどの創業者である森村市左衛門が、東京・高輪に創立したのが森村学園です。森村翁が実業界で得た人生訓「正直・親切・勤勉」を校訓とし、生徒が自分の「路」を進む力を自ら培うことができるように人間教育、進路指導を行っています。

進路指導では、「進路指導」と「進学指導」を区別化し、6年一貫教育のなかで生徒一人ひとりの夢の実現をサポートしています。

「進路指導」は自分の進むべき「路」を探すための指導です。人生の軸となる「将来何になりたいのか」という問いかけを生徒に発し続けています。

一方、「進学指導」では、生徒が希望する大学に合格できる学力を身につけさせる指導を行っています。高等部2年から文系・理系コースに分かれて入試を意識した演習型授業へ移行し、高等部3年では多くの科目で実際の入試問題を用いた演習授業を展開します。

また、さらにグローバル化が進む時代を見据え、森村学園では「言語技術」という教科を導入しました。「言語技術」の授業は、つくば言語技術教育研究所の支援を得て行っており、世界で通用するコミュニケーション能力の習得をめざしています。

これからの自分と時代を見つめ、自分の「路」を切り開いていける生徒を育成する森村学園です。

School Data

森村学園中等部

神奈川県横浜市緑区長津田町2695

東急田園都市線「つくし野」徒歩５分、JR線・東急田園都市線「長津田」徒歩13分

男子259名、女子343名

045-984-2505

http://www.morimura.ac.jp/

中央大学附属中学校

この一校

Chuo University Junior and Senior High School

進路講演会

中高大の10年間を考えるきっかけに

「進路講演会」は、年に一度、附属高校を卒業した現役の大学生OB・OGに来てもらい、全学年を対象として講演をしてもらうというものです。講演のあとには質疑応答もあり、生徒は学校生活にかかわるあらゆることを先輩にたずねることができます。

社会で活躍している人ではなく、あえて年齢の近い卒業生に来てもらう意図について、進路指導の柳田茂久先生は、「中学生でも、すでにどんなことをこの先学びたいか考えている生徒がいます。そういった生徒と比較的年齢が近い先輩をつなぐことで、そのためには高校時代はこう、中学時代はこうすればいいんだという逆算をして、中学3年＋高校3年＋大学4年の計10年を過ごすきっかけにしてほしいと考えました。また、中・高・大の一貫校とはいえ、開校したばかりの中学生は、まだ高校生とのつながりは薄く、大学生とはもっと薄いわけです。横のつながりは今でもすごく強いので、こうした機会を通じて、縦のつながりも強くなってほしいという思いもあります」と話されます。

今後はさらに内容を充実させながら、内進生として附属高校に進学したOB・OGに講演してもらうことも考えているそうで、将来を考える貴重な機会となりそうです。

プロジェクト・イン・サイエンス

純粋に理科を楽しめる実験を

中学3年生を対象に、通常の理科の授業では扱わないような物理・化学の実験や、ロボットのプログラミングなどをするのが「プロジェクト・イン・サイエンス」です。そのなかから、ロボットプログラミングを担当している森脇啓介先生に、その特徴を語っていただきました。

「生徒の科学リテラシーや、科学的な問題解決能力、自分で考える力を育てることを目的としています。プロジェクト・イン・サイエンスの授業は週に1回あり、私が担当するロボットのプログラミング授業では、レゴの『マインドストームNXT』というロボットを使ってプログラミングを学習します。これを使って障害物の向こう側にあるものを取ってくるにはどうすればいいか考えて、ロボを組み替えたり、プログラミングをしたりします。普通の理科の実験だと、答えがあって筋道も決まっています。これだと教科書を理解するだけになってしまいがちです。しかし、このロボットはレゴですから、いろいろな形に組み替えられるので、方法はひとつではありません。プロジェクト・イン・サイエンスでは、物理・化学も同様に、通常とは違うアプローチで実験を行うことで、純粋に理科を楽しめるような授業を行っています」。

2学期には中大理工学部の協力も得て、大学の実験室での授業も行なわれています。

2013年度 中学校説明会日程

9月 7日(土) 11:00～13:00
11月30日(土) 11:00～13:00

会場 中央大学附属高等学校講堂

※予約は必要ありません。
※中学校校舎の見学を希望する方は、上履きが必要になります。

「小さな」学校説明会(要予約)

●予約制となっており、定員は120名です。

[日程] 10月12日(土) 15：00～17：00
[内容] 学校紹介ビデオ上映、学校概要および入試概要説明、施設自由見学、入試要項配布、質問受付
[会場] 中央大学附属高等学校　視聴覚ホール

School Data
■所在地／東京都小金井市貫井北町3-22-1
■アクセス／JR中央線「武蔵小金井」徒歩18分、JR中央線「武蔵小金井」・西武新宿線「花小金井」「小平」バス
■TEL／042-381-7651
■URL／http://www.hs.chuo-u.ac.jp/

開校から４年を迎えた中央大学附属中学校。生徒の様々な可能性を伸ばすべく、個性的な学習プログラムを多数用意しています。今回はそのなかから４つのプログラムをご紹介します。

模擬裁判員裁判

論理的な思考力を身につける

中大との連携教育の一環として中3次に行われる「模擬裁判員裁判」は、中央大学法科大学院（ロースクール）の模擬法廷を利用して行われる体験授業です。今年度担当の齋藤晃先生はこのプログラムの意義についてこう説明されます。

「模擬裁判を通じて法曹の世界に興味を持ってほしいということと、５・6年後には生徒の誰もが実際に裁判員になる可能性があり、その備えという意味もあります。中大ロースクールの模擬法廷教室は横浜地裁の法廷をそのまま再現しています。そこで裁判員席に座り、こういうところで裁判が行われているということを知るだけでも教育的な効果があります。

進め方としては、それぞれクラスをグループに分割して、まず法廷で事件の概要のDVDを見ます。そのあと、各部屋に分かれて、裁判員になってグループの評議を行います。ここでは弁護士の先生に進行やアドバイスをお願いします。結論は有罪か無罪か、有罪の場合は刑期は何年か、というところまで決めます。制限時間内に結論までたどりつけないグループもありますが、いかに話しあいが難しいかということを知る機会にもなります。生徒は自分の意見を論理的に必死で考え、ほかの人とぶつかりながら話しあうので、そこに面白さを感じてくれています。弁護士の方には、同じようなことを実施している高校生よりも、本校の生徒の方が論理的に物事を考えていると評価していただきました。これ以外にも移動教室など外に出る行事がいくつかあり、必ず事前学習と体験、発表をしっかりと結びつけていますので、3年間これを繰り返すことで生徒の考える力は大きく育ちます」

プロジェクト・イン・イングリッシュ

「英語で学ぶ」調査発表プログラム

「プロジェクト・イン・イングリッシュ」は、日本人教師とネイティブスピーカーの教師ふたりによる、英語を使った情報受信・発信を実践する授業です。

具体的な内容について「あるテーマのもとに1年ずつ学習を進めていきます。中1では自分たちが通っている中大附属中学校について。中2では本校がある小金井市について。そして中3では日本について調べます。身の回りのことから少しずつ幅を広げて調べ、表現していく過程で英語を使っていきます」と中3の英語を担当する窪田史先生は説明されます。これらの内容をまとめて1年の最後に壁新聞（中1）、新聞（中2）、プレゼンテーション（中3）といった形で発表します。

授業では、発表や質疑応答は全て英語で行われます。プロジェクト・イン・イングリッシュは、英語を中学に入学してから学び始める生徒が多くいるなかで中1からスタートしますが、その点についても「中1は学校について、例えば校舎内に使われている形や色など、調べる作業中心の授業で少しずつ英語を使いますので、抵抗なく入っていくことができます」（窪田史先生）とのこと。

ただ聞いて話すだけではなく、自分でテーマに沿った調べものをしながら必要に応じた英語を使うため、初めはつたないながらも、授業では活発に質疑応答が行われ、3年にもなると随分と英語力が鍛えられます。

プロジェクト・イン・イングリッシュは中1から始まり、高2までの5年計画で進められているプログラムです。現在中3の1期生が高2となる2年後には、さらに発展し、充実したプログラムとなることでしょう。

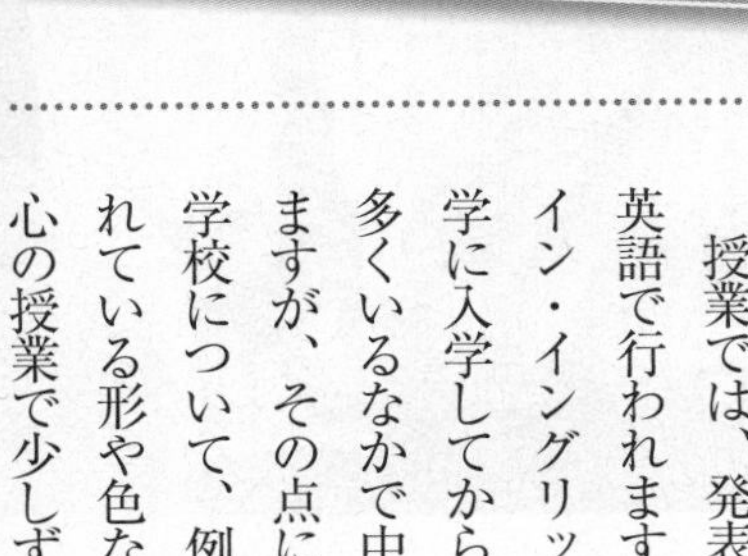

明日の自分が、今日より成長するために…

２名のネイティブ専任教員から
世界で通用する英語を学び
世界レベルでの自己実現を目指す

多摩大学目黒の英語教育の大きな目標の一つは世界中で必要とされる日本人を育てることです。英会話を指導する２名のネイティブ専任教員はそれぞれイギリス出身とアメリカ出身。微妙に異なる表現やアクセントも経験することで世界中に通用する英語を習得します。さらに６年間で最大３ヶ国を訪問することにより、世界規模で物事を考えることのできる広い視野と世界を相手にしっかり「交渉」できるコミュニケーション力を磨きます。これらの経験と能力は 10 年後、20 年後に社会人として国内でも海外でも常に必要とされる人物であり続けるための確固たる土台となります。

写真上：フィリップ・チャンドラー教諭（イギリス出身）
写真下：トーマス・カンパーニャ教諭（アメリカ出身）

●中学受験生・保護者対象学校説明会　予約不要

10/ 9（水）　10:00～
12/ 7（土）　10:00～
11/13（水）　10:00～
1/10（金）　①10:00～　②19:00～

※お車でのご来校はご遠慮ください。

●中学体験学習　要予約　（保護者の方は授業参観及び説明会）

英語体験授業：Let' s enjoy English!／クラブ体験：来たれ我が部！

11/23（祝）　10:00～12:00　会場：あざみ野セミナーハウス
※前々日までに電話にてご予約ください。

●颯戻祭（文化祭）※受験生はチケット不要

9/14（土）・15（日）　10:00～15:00
※お車でのご来校はご遠慮ください。

●2014 年度生徒募集要項

試験区分	進学 第1回	進学 第2回	特待・特進 第1回	特待・特進 第2回	特待・特進 第3回	特待・特進 第4回
募集人員	74名		特待20名 特進20名			
出願期間	1月20日（月）より各試験前日まで、9:00～15:00					
試験日	2/1（土） 8:30集合	2/2（日） 8:30集合	2/1（土） 14:30集合	2/2（日） 14:30集合	2/3（月） 14:30集合	2/4（火） 8:30集合
試験科目	2科または4科（出願時に選択）		4科		2科	
発表（ホームページ）	各試験当日14:00～16:00		各試験当日21:00～21:30			当日14:00～16:00
発表（校内掲示）	各試験当日14:00～16:00		各試験当日翌日12:00～14:00			当日14:00～16:00

多摩大学目黒中学校

〒153-0064 東京都目黒区下目黒 4-10-24　TEL. 03-3714-2661

http://www.tmh.ac.jp
多摩大学目黒　検索
携帯サイト：http://www.tmh.ac.jp/mobile

JR 山手線・東急目黒線・都営地下鉄三田線・東京メトロ南北線「目黒駅」西口より徒歩 12 分
東急東横線・東京メトロ日比谷線「中目黒駅」よりスクールバス運行

教えて中学受験Q&A

6年生

Question

模擬試験は同じ主催団体のものを
複数回受験した方がいいのですか？

秋からは各所で中学受験対応の模擬試験が行われます。実力を知り、また志望校選定の資料とするためにも受験させるつもりですが、同じ主催団体の模擬試験を複数回受験した方がいいと聞きました。なぜでしょうか。

（杉並区・M・Y）

Answer

出題範囲の重複がなく
前回の結果と比較して分析できます

模擬試験を受験することで、現在の学力を客観的に判断する資料が得られ、志望校への現段階における合格可能性を数値で知ることができます。そして、各種データだけではなく、採点された答案が戻ってきますので、自分の弱点を補強していくための効果的な教材ともなります。

ご質問者がお聞きになったように「継続的に主催団体が同じ模擬試験を受験する」ことの意味は、次のような点にあります。

まず、模擬試験も一定の出題カリキュラムに基づいて作成・実施されますので、同一の模擬試験を受験することで、出題範囲が重複したり欠けることがないというメリットがあります。次に、模擬試験結果データも同一模試であるなら、前回との比較が可能となり、結果分析や志望校選定の資料としやすいということもあげられます。

そして模擬試験における各種データは、その母集団の構成によって左右されます。同じ模試を受けた方が、的確な判断ができるのです。

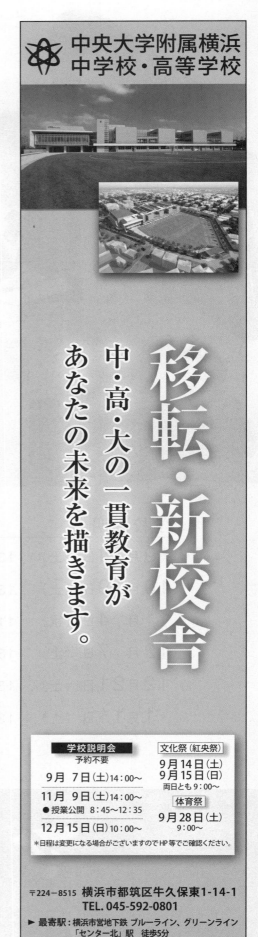

疑問がスッキリ!

2〜5年生

Question

**公立中高一貫校を受検する場合
塾に行った方がいいでしょうか?**

小学校3年生の長女のことでおたずねします。公立中高一貫校を目指したいと思っています。塾には行っていません。公立中高一貫校受検の場合でも塾に行った方がいいのでしょうか。教えてください。

(武蔵野市・K・T)

Answer

**ご家庭での学習でも可能ですが
塾ではより効率的に学べます**

公立中高一貫校の場合、入学者選抜は「入学試験」ではなく「適性検査」という名称となっています。これは、国立・私立中入試のように学力のみに偏重した入学者選抜ではない方法で入学者を選考したいという考え方といえます。したがって、公立中高一貫校の場合、たんなる暗記や繰り返しのトレーニングによって問題解法技術を体得しただけでは対応できないタイプの出題がなされます。

実際、これまでの合格者のなかに、少なくない割合で塾に通わずに公立中高一貫校に合格した方はおられます。しかし、各塾においても公立中高一貫校対策をうたった各種講座も開設されおり、適性検査問題に対応できる思考力や表現力、普段の学習において留意すべき点などの指導が行われています。その意味では、やはり塾で専門家の指導を受ける方が、効率的な対応策を身につけたり、問題のタイプに慣れることができると言えます。

帝京大学中学校

TEIKYO

〒192-0361 東京都八王子市越野322　TEL.042-676-9511（代）

http://www.teikyo-u.ed.jp/

○2014 年度入試 学校説明会

対象／保護者・受験生　　会場／本校

第２回	**9/14**（土）	①10:00　②14:00	学習への取り組み　クラブ活動体験※
第３回	**10/12**（土）	14:00	学校行事とクラブ活動　模擬授業　～合唱祭今年の優勝は～
第４回	**11/ 9**（土）	10:00	本校の生活指導　安全管理　～保護者が見た帝京大学中学校～
第５回	**12/15**（日）	10:00	入試直前情報　過去問解説授業
第６回	**1/11**（土）	14:00	これから帝京大学中学校をお考えの皆さんへ
第７回	**2/22**（土）	14:00	4年生・5年生保護者対象の説明会

※予約制　クラブ活動体験・模擬授業は電話予約が必要となります。予約開始日は2学期以降になります。ホームページ上でお知らせします。
○9/14の説明会のみ予約制となります。詳しくはお問い合わせ下さい。
○学校見学は、随時可能です。（但し、日祝祭日は除く。また学校説明会等、行事のある場合は見学出来ないことがあります。）
○平常授業日（月～土）には、事前にご予約いただければ、教員が校舎案内をいたします。

○邂逅祭（文化祭）　11月2日（土）・3日（日）

●スクールバスのご案内

月～土曜日／登校時間に運行。
詳細は本校のホームページをご覧ください。

JR豊田駅 ←→ 平山5丁目（京王線平山城址公園駅より徒歩5分）←→ 本　校
←（20分）→

多摩センター駅 ←（15分）→ 本　校

何かが出来そう
何かが出来た

世界の星を育てます

中学1年生から英語の多読多聴を実施しています。
また、「わくわく理科実験」で理科の力を伸ばしています。

学校説明会

第2回　9月 7日(土)
14:00～
[在校生とトーク]

第3回　10月12日(土)
14:00～
[明星の国際教育]

第4回　11月 9日(土)
14:00～
[小6対象模擬試験（要予約）]

第5回　11月22日(金)
19:00～
(Evening)

第6回　12月15日(日)
10:00～
[入試問題解説]

第7回　1月11日(土)
15:00～
[小6対象面接リハーサル(要予約)]

※予約不要
※小6対象模擬試験及び小6対象面接リハーサルの詳細は、各々実施1ヶ月前にホームページに掲載されます。

明星祭／受験相談室

9月21日（土)・22日（日)
9:00～15:00
※予約不要

オープンキャンパス

第3回　8月24日（土）
第4回　8月25日（日）
9:00～15:00
※予約不要
※毎回ミニ説明会を行う予定です。

学校見学

月～金　9:00～16:00
土　9:00～14:00

※日曜・祝日はお休みです。
※事前にご予約のうえご来校ください。

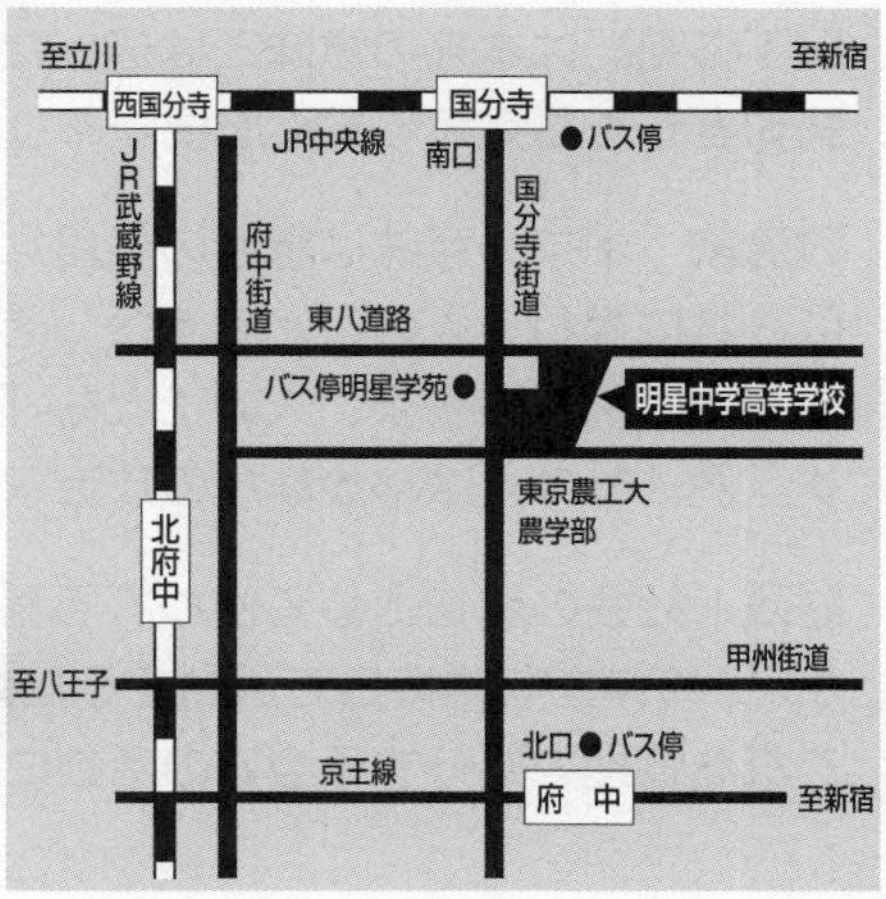

ご予約、お問い合わせは入学広報室までTEL. FAX. メールでどうぞ

明星中学校

MEISEI
〒183-8531　東京都府中市栄町1－1　入学広報室
TEL　042-368-5201(直通)　FAX　042-368-5872(直通)
(ホームページ)　http://www.meisei.ac.jp/hs/
(E-mail) pass@pr.meisei.ac.jp

交通／京王線「府中駅」
JR中央線／西武線「国分寺駅」 ┐ 徒歩約20分
またはバス（両駅とも2番乗場）約7分「明星学苑」下車
JR武蔵野線「北府中駅」より徒歩約15分

問題は84ページ

ジュクゴンザウルスに挑戦！

熟語パズル

1 一	本	6 気	■
目	■	2 球	7 音
3 散	5 財	■	楽
■	4 政	治	家

答え

クロスワードに出てくる8つの熟語は、次のようになります。

■ヨコのカギ
1　一本気（いっぽんぎ）
2　球音（きゅうおん）
3　散財（さんざい）
4　政治家（せいじか）

■タテのカギ
1　一目散（いちもくさん）
5　財政（ざいせい）
6　気球（ききゅう）
7　音楽家（おんがくか）

どうだろう?みんな8つの熟語にたどりつけたかな。コーナーにあてはまる「一」と「家」に気づいたら簡単だったかもしれないね。このなかで、中学受験生の君たちにぜひ覚えておいてほしいのが「一本気」と「一目散」だよ。また、社会の語句としての「財政」も、「地方財政」「財政赤字」「財政改革」「財政の崖」などの言葉が重要になってくるから、お父さん、お母さんと一緒に、言葉の意味を考えてみよう。

【熟語の意味】

熟語の意味は問題のページ（84 ページ）にあるとおりですが、以下の熟語は本来の意味とは違った意味で使われたり、社会科の語句としても覚えておく必要がありますので注意しましょう。

政治家　本来の意味は議会の議員など、政治を職業として専門的にこれに携わる人のことですが、そこから転じて、もめごとの調整や駆け引きのうまい人のことも「政治家」と呼ぶことがあります。例「あの人はなかなかの政治家だ」

財政　社会の語句として使われる場合は、国または地方公共団体が、その存立を維持して活動するために必要な財力のことを指し、これを管理・処分する全ての活動にかかわる言葉となります。

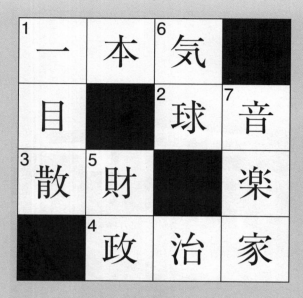

本質的な学び力を育て、東大を目指す安田学園
先進コースの数学の授業

解答を送ってください

自ら問題を発見し地球規模の問題を解決できる資質を養い、新しい時代に活躍できるグローバルリーダーを育てるために、東大などの最難関国立大を目指す「先進コース」を新設。今年度25名の新入生を迎えました。
まだ入学して1か月くらいの数学の授業をのぞいてみました。

なぜそうなるか、論理的に考える力をつける

安田学園中の先進コースの数学は担任でコースリーダーの柴沼先生が担当。教科書は体系数学ですが、生徒が予習で考えて授業に臨めるように予習プリントを冊子にして配布します。

定義や法則を丁寧に学習し、「なぜそうなるか」論理的に説明できる力、計算力をつけます。問題集で十分な問題練習を終えた後に、代数の時間に次のような特別課題（その4）が、先生から配布されました。

「AからFに1から9までの相異なる整数を補い、次の計算を正しくする方法は2通りある。（A ～ Fは、6桁の各位を表している。）AからFに入る数の組を2組答えよ。
ABCDEF×3=BCDEFA」（出典：広中杯）

「すごい虫食いになっているよ」「どうしよう」……みんなの眼がキラキラ輝き、真剣な表情で課題に取り組んでいました。

生徒「そうか、わかった」「できた」「あっていますか」。

先生「考え方が重要なんだよ」「どうしてそうなるかことばや式で書いてください」。

A君「できたよ」。

先生「素晴らしい才能開花ですね」……「だいぶ分かった人が出てきたようですね」「3倍しても6桁なんだから、Aは1～3だよね」「Aが1のときを考えよう」「Fを3倍して1の位が1になる場合はFが7のときだけだよね」「とするとBCDEFAのFAは71だから、そうなるためにはF×3が21だから、E×3の1の位は5が必要・・・と順次わかっていくよね」
「さっ、それでは次に行ってみよう」

みんなも考えてみよう

次の特別課題（その5）が配布されました。

特別課題（その5）
A君は1からnまでの自然数すべてを黒板に書きました。次にB君がその中の1個の数を消しました。
A君が残った（n-1）個の数の平均を計算したところ、590/17になりました。
B君が消した数を求めなさい。（出典：広中杯）

先生「590/17だからといって、約分した結果だとすれば17個とは限らないよ」
「これは、土曜日までに考えてきてください」。

さて、小学生の読者のみなさんも考えてみませんか。どんな表現でもよいので、どうしてそうなるかことばや式で解答をつくり、下記の住所の「安田学園・入試広報室」宛てに、あなたの住所・氏名を添えて9月30日までに送ってください。

nという文字に抵抗のある人は△などの記号に置き換えて考えてみてください。

安田学園の数学科でコメントを添え、正解とともに返送させていただきます。

柴沼先生に、この特別課題の意図を聞きました。「いま、代数の授業で文字式の学習をやっているのですが、その文字を使ったやや抽象度の高い問題に取り組み、文字を使うことの利点を認識してもらうためです。さらに、それが物事を論理的に考える力につながると考えています」

東大入試では、本質を見抜く力、論理的に考えて自分のことばで表現できる力が求められます。これは、将来グローバル社会で活躍するためにも必要な力です。

そのような本質的な学びを安田学園は追求し続けます。

安田学園中学校 共学

〒130-8615 東京都墨田区横網 2-2-25
http://www.yasuda.ed.jp/ E-mail nyushi@yasuda.ed.jp
TEL 03-3624-2666 入試広報室直通 0120-501-528
JR 両国駅西口徒歩 6 分／都営地下鉄大江戸線両国駅A1 口徒歩 3 分

学校説明会
9/14 (土) 10:30 新中学棟&授業見学
9/29 (日) 9:30 同時開催:授業体験（児童対象・要予約）
10/19 (土) 14:30 新中学棟&授業見学

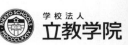

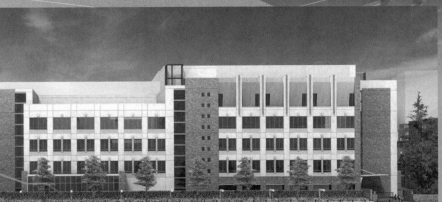

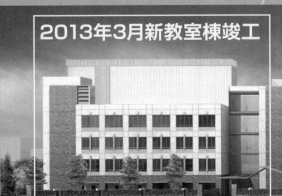

東京成徳大学中学校

●東京都北区 豊島8-26-9
●地下鉄南北線「王子神谷」徒歩3分、JR線「東十条」徒歩15分
●TEL：03-3911-7109
●http://www.tokyoseitoku.jp/

問題

下の図1のように、立方体の表面に色をぬり、各辺を4等分したとき、次の各問に答えなさい。

図1

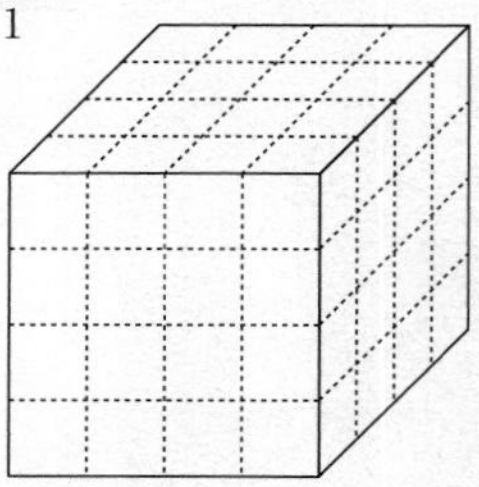

(1) 全部で何個の立体に分かれますか。

(2) どの面にも色がついていない立体は何個ありますか。

図2

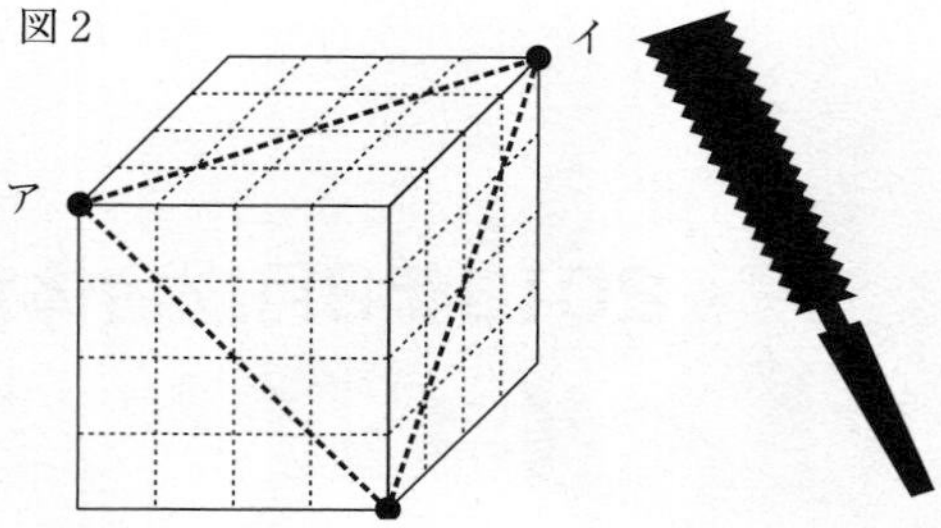

(3) さらに、下の図2のように、頂点ア、イ、ウを通る平面で立方体を切ったとき、切られた立体は何個ありますか。

解答 (1) 64個 (2) 8個 (3) 16個

学校説明会＆体験プログラム

9月16日(月祝)10:30～12:00
10月13日(日)10:30～12:00
(※体験学習実施　要予約)
10月29日(火)10:30～12:30
(※授業見学実施)
11月17日(日)10:30～12:00
12月15日(日)10:30～12:00
(※出題傾向説明会)
1月7日(火)10:30～12:00
(※出題傾向説明会)

サタデープログラム体験　要予約

9月7日(土)8:30～10:20

文化祭

9月28日(土)10:00～15:00
9月29日(日)10:00～15:00

明治学院中学校

●東京都東村山市 富士見町1-12-3
●西武拝島線・国分寺線「小川」徒歩8分
●TEL：042-391-2142
●http://www.meijigakuin-higashi.ed.jp/

問題

ある公園の花だんには，半径が4m，長針，短針の長さがそれぞれ3.2m，2.4mの大きな時計があります。その花だんを，下の図のように5つに区切って，赤・黄・オレンジ・白・紫の5種類のチューリップを植えようと思います。最も面積の大きい所にオレンジのチューリップを植えたとき，次の問いに答えなさい。

(1) 残りの4箇所に，赤・黄・白・紫のチューリップを植えます。植え方は何通りありますか。

(2) オレンジ色のチューリップの花だんの面積は何㎡ですか。ただし，円周率は3.14とし，少数第2位を四捨五入して答えなさい。

(3) 解答用紙にかかれている点線の交点を中心として，$\frac{1}{160}$に縮小した円をかき，時刻が1時30分になるように長針，短針もかきいれなさい。

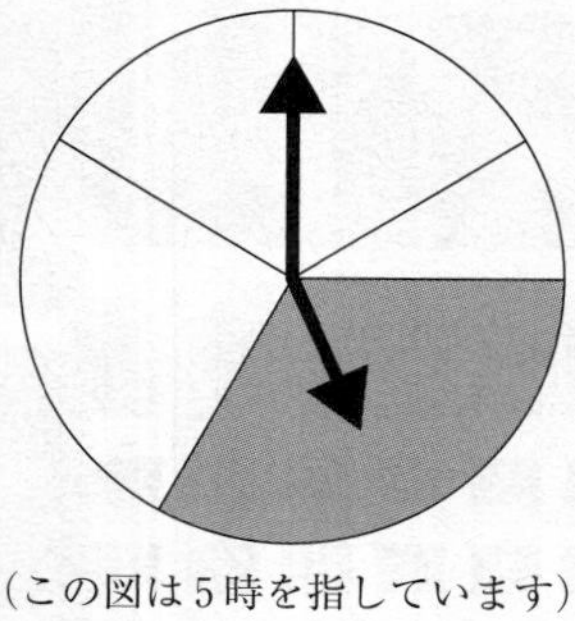

(この図は5時を指しています)

※明治学院では「定規・コンパス・分度器」を持ちものとして指示しています。

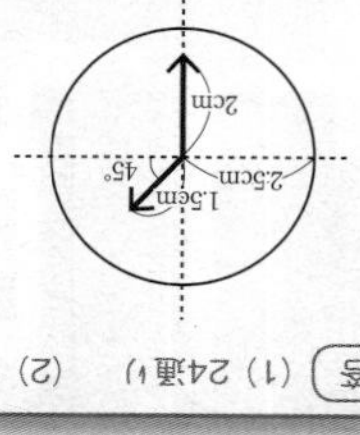

(3)

解答 (1) 24通り (2) 16.7㎡

学校説明会

9月21日（土）14:00～16:00
10月19日（土）14:00～16:00
11月9日（土）14:00～16:00
11月27日（水）10:30～11:45
1月11日（土）14:00～16:00

入試日程

第1回　2月1日（土）午後　定員約50名・2科
第2回　2月2日（日）午前　定員約70名・4科
第3回　2月4日（火）午前　定員約20名・4科

私立中学の入試問題にチャレンジ

国府台女子学院中学部

●千葉県市川市菅野3-24-1　●京成本線「市川真間」徒歩5分、JR線「市川」徒歩12分　●TEL：047-322-7770　●http://www.konodai-gs.ac.jp/

問題

問十五　次の——線部は言葉遊び（しゃれ）となっています。どんな意味かを想像し、後の□にひらがな一字ずつを入れることで言いかえなさい。

また好きな人ができたんだって？　君は材木屋だな。

↓　君は□が□□□な。

問十六　次の（1）（2）に入る適当な言葉を、それぞれ一字で答えなさい。

唱歌『ふるさと』の冒頭、「うさぎおいしかの山」を「うさぎがおいしい、あの山」と誤解していた人がいるという笑い話を聞いたことがあります。「おいし」は漢字で正しく書くと「（1）いし」ですね。ちなみに、「し」というのは古い語で、「長老の語りしこと」「かつて見し人」などと使われ、今の言葉でいうと「（2）」に当たる語です。だから『ふるさと』の冒頭は、「うさぎを（1）いかけ（2）あの山」という意味です。

解答　問十五 君は[き]が[お][お][い]な　問十六（1）追　（2）た

学院祭
9月28日（土）・29日（日）
※説明会実施（両日とも10:00/14:30）

第2回説明会
10月19日（土）10:00～12:00

入試日程

推薦入試	12月1日（日）
第1回入試	1月21日（火）
第2回入試	2月5日（水）

埼玉平成中学校

●埼玉県入間郡下呂山町下川原375　●東武越生線「川角」徒歩5分、西武新宿線「狭山市」・西部池袋線「飯能」・JR線「武蔵高萩」・「高麗川」スクールバス　●TEL：049-294-8080　●http://www.saitamaheisei.ed.jp/

問題

ガラス、銅、アルミニウム、鉄の棒を使って熱の伝わり方を調べました。

図1

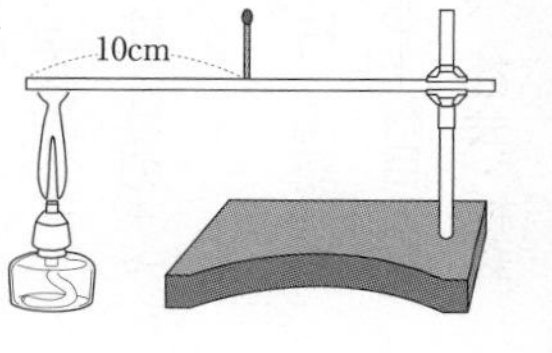

問1　図1のようにそれぞれの棒を水平に固定し、棒のはしから10cmのところにろうを使ってマッチ棒を立てました。アルコールランプではしを加熱し、マッチ棒が落ちるまでの時間を測りました。一番早くマッチ棒が落ちたのは、どの棒ですか。

問2　図2のような5cmごとの目盛りのついた銅の棒を水平に固定し、ろうを使ってマッチ棒を立てました。Aの位置をアルコールランプで加熱したときに、マッチ棒が落ちる順番をア～エで答えなさい。

図2

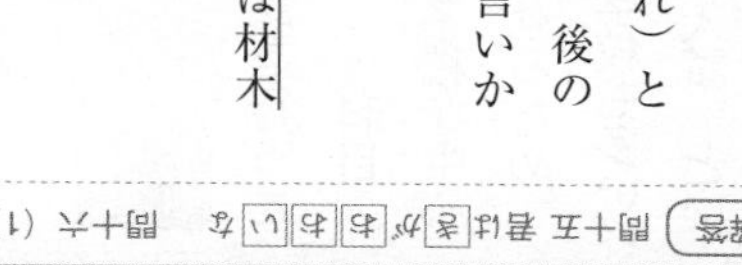

問3　次に図2の棒を右側が上になるように斜めに固定し、問2と同じようにマッチ棒を立てました。Aの位置をアルコールランプで加熱したときに、マッチ棒が落ちる順番をア～エで答えなさい。

問4　問1～問3の棒と異なるあたたまり方をするものはどれですか。ア～エからすべて選びなさい。

ア　銅板　　イ　鉄板　　ウ　部屋の空気　　エ　ビーカーの中の水

解答　問1 銅　問2 イ→ア→ウ→エ　問3 イ→ア→ウ→エ　問4 ウ、エ

学校説明会
9月14日（土）10:00～12:00
※文化祭と同時開催
10月5日（土）10:00～12:00
※一日体験入学と同時開催
11月9日（土）14:00～16:00
※入試問題解説セミナーと同時開催

入試説明会
12月7日（土）10:00～12:00

入試日程
A進学・S選抜入試
第1回　1月10日（金）午前・午後
第2回　1月12日（日）午前
第3回　1月25日（土）午前
英語入試
第1回　1月12日（日）午前
第2回　1月25日（土）午前

中学受験に向け勉強を進めていくうちに「知らない言葉」に出会うことがあります。初めて中学受験をされる方なら、なおさら「聞き慣れない言葉」に直面することも多いでしょう。人に聞くのをためらっているうちに「誤解」したままとなり、肝心の学校選びの段階になってあわてることにもなりかねません。そんな読者のために、ここでは中学受験に関する基本的な用語から、知っておけば得する言葉までを3回に分けて解説しています。今回は最終回です。

2科目入試

国語と算数の問題で入試を行うこと。首都圏の私立中学では「4科目入試」への流れが急だが、女子校を中心に「受験生の負担を軽減させるため」、2科目入試を実施している学校も多い。

ほかに「2科・4科選択入試」という制度を導入している学校もある。

2学期制・3学期制

保護者の方が中学生、高校生時代だった頃の学期制は3学期制。それに対して学年期を2期に分け、9月までを1学期、10月からを2学期（前期・後期と呼ぶところもある）とする学校がある。始業式、終業式や定期試験の日数が減り、3学期制より授業日数を数日多く確保することができる。

理解度の確認は、小テストを多く実施することで対応。公立学校の週5日制が施行されてから2学期制が増えてきた。

2科・4科選択入試

首都圏の中学入試では、2科目（国語・算数）、もしくは4科目（国語・算数・社会・理科）で入試が行われているが、そのどちらかを選択できる入試のこと。願書提出時に選択する。

合否の判定方法は学校によって異なるが、「まずは2科だけで判定し、次に4科で決める」という学校が多い。この場合、4科受験生には2度のチャンスがある。

また、午後入試などでは、国語、算数から1科目を選択する1科目入試や、国語、算数のほかに、社会・理科のどちらかを選択する3科目入試もある。

半進学校（半附属校）

進学校に近い大学附属校。大学附属校でありながら、系列大学以外の大学進学（他大学受験と呼ぶ）を志望する生徒が多く、受験体制も整っている学校のこと。「半附属校」も同じ意。

複数回入試

ある学校で複数回にわたり実施される入学試験のこと。入学試験を1回しか実施しない学校は難関校のみで、ほとんどの学校では複数回入試を実施している。その入試回によって偏差値に違いが出るので注意が必要。また、複数回受験をすると、受験料の軽減措置をとる学校も多い。

フォニックス（Phonics）

英語の学習で、初心者対象につづりと発音の関係に規則性があることを示し、正しい読み方を会得させる手法。授業は英語で進行し、歌やゲームが多く取り入れられ、楽しく英語に慣れていけるようにプログラムされている。

プログレス

各地にキリスト教系の学校を設立したイエズス会の宣教師であったフリン牧師が編纂《へんさん》した英語のテキスト『PROGRESS IN ENGLISH』（㈱エデック発刊）。現在多くの私立中高一貫校でテキストとして採用されている。

プロテスタント校

ミッションスクールのなかで、プロテスタント教会系が設立母体となっている学校（立教池袋、フェリス女学院、青山学院など）。自主自立を大切にする校風が特徴。日曜日に教会に行くことを奨励することが多く、入試日も日曜日を避けるため「サンデーショック」という現象が起きる。

仏教校

仏教系の宗教団体が設立母体となっている学校（鎌倉学園、芝、世田谷学園、千代田女学園、武蔵野女子学院など）。これらの学校の創立はかなり古く、明治以前という場合がほとんど。伝統を重んじながらも、社会の流れにしたがって学校改革を行うことをためらわない校風、柔軟さがある。

併願

2校以上の学校に出願すること。第2志望以降の学校を併願校と呼ぶ。現在の首都圏中学受験では、5～6校（回）の併願が平均的。

併願パターンとしては、「チャレンジ校」「実力相応校」「合格有望校」を組み合わせることが基本。

偏差値

学力レベルが、一定の集団（大手の模試機関などが行う模擬試験を受けた受験生全体など）のなかでどのくらいの位置にあるのかを割り出した数値。絶対的なものではなく、あくまでも目安のひとつ。

自分はどのくらいの学力があるのか、志望校へ合格するためにはどのくらいの学力レベルが必要なのかを知ることができる。

25～75の数値で示されることが標準的。

補欠合格（繰り上げ合格）

合格発表後、入学辞退者が多いときに学校が出す追加合格のこと。合格発表時に前もって「繰り上げ候補者」の受験番号を発表する学校と、順次保護者あての電話で発表する学校とがある。多くは2月中旬までに発表される。

補習

私立中高一貫校は、授業についていけない生徒をつくらないことで公立中学校に対抗してきた歴史があり、現在も生徒に対するサポートが手厚い。補習もそのひとつで、「指名補習」と「希望者補習」などがあるが、学年があがると、生徒の自主性を尊重して「希望制」が増えていく。

募集要項

各校が発行する「生徒募集に必要な事項」を記載したもの。

募集人員、出願期間や試験日、試験科目、受験料、合格発表日、入学手続き、及びその費用などの情報が記されている。

面接試験（口頭試問）

面接は受験生の日常や性格などのほか、当該校の校風や教育方針を理解しているか、入学への意欲などを知るために行われる。学校によっては面接をかなり重視する。

面接形態は、受験生のみ、保護者のみ、保護者と受験生などのパターンがある。面接の方法も、個別面接、グループ面接などがある。

ただし、近年の傾向として面接試験を実施する学校は減っている。

模擬試験

模擬試験機関が「中学入試」に似せた形式で実施する試験。試験を受ける人数が多いほど結果の信憑性が高い。結果は偏差値という数値で示される。受験生の偏差値と学校に与えられる偏差値を見比べることで、合格可能性を探ることができる。

融合問題

特定の科目にとらわれず、あらゆる科目の学力が試される出題のこと。環境問題で理科と社会、理科の濃度の問題で算数の計算力を問う問題が出題されたりする。

公立中高一貫校では学力検査を課すことができず、適性検査という名目で選抜を行うため、ひとつの大問のなかでいくつかの科目が含まれた融合問題として出題されることが多い。

4科目入試

首都圏の国立・私立中高一貫校で、国語・算数・社会・理科の4科目で入試を行うこと。現在、首都圏では4科目入試が主流となっているが、女子校を中心に2科目入試を実施している学校もある。関西圏では、社会を除いた3科目入試の学校も多い。

寮のある学校

寮制学校には、生徒全員が寮生活を送る全寮制の学校と、一部の生徒が寮生活を送り、通学生と一緒に授業を受ける学校とがある。

地方にある寮制学校が首都圏でも入試を行うようになり、実際に進学する生徒も多くなってきたことから寮のある学校が注目されるようになった。大学進学実績の高い学校には関心も集まっている。

また、地方の学校であることから、首都圏各都県の入試解禁日にとらわれず早めに入試日を設定できることも特徴のひとつ。

近年では寮制学校も決して易しい入試とはなっていないため、上手くいかなかった場合のリスクも考えておく必要がある。

類題

出題意図、解法手順などが似た問題。特に算数や理科などで苦手とする分野がある場合、類題で演習することは大きな効果がある。

保護者が過去問題などを精査して類題を探し出す作業を手伝うことも、中学受験における特徴のひとつと言える。

礼法

女子校で「礼儀・作法」を学ぶ授業のこと。日常生活のなかで身につけておきたい作法を中心に、テーブルマナーなども含まれる。正規の授業として取り入れている学校には、桜蔭、共立女子、聖徳大学附属、山脇学園などがある。

連携型中高一貫教育校

公立の中高一貫校には3つのタイプ（中等教育学校・併設型・連携型）がある。そのひとつで、同地域にある別々の中学と高校が協議し、教育の一貫性に配慮しながらカリキュラムを作成するタイプの学校のこと。

中学校の教員と高校の教員がチームティーチングを行うなど、教育課程をスムーズに接続させることに主眼をおいている。

連携する中学校から高校に進学する生徒は簡易な試験で選抜される。また、高校では一般入試で他の中学校出身者を受け入れている。

◇―◇―◇

【編集部より】 中学校受験に際し、わからない言葉や用語について、136ページ下部にあります「サクセス編集室」まで、はがき、FAXでご質問ください。できるかぎりお答えいたします。

―中学受験のお子様を持つ親のために―

わが子が伸びる親の『技《スキル》』研究会のご案内

平成25年度後期講座予定

主催：森上教育研究所　協力：「合格アプローチ」他
（ホームページアドレス）http://oya-skill.com/（携帯モバイルサイト）http://oya-skill.com/mobile/

第1回 9 火 10

算　数

宮本　哲也
（算数･数学･パズル教室主宰）
※会場は私学会館です

テーマ お子さんが低学年の間にやるべきこととやるべきでないこと【幼児～小4対象】

内　容 私の教室には算数が得意な子がたくさんいますが、彼らは例外なく、算数が大好きです。得意だから好きになったわけではなく、好きだから得意になったのです。彼らは自分で考えることを好み、人から教わることを好みません。算数が好きな子になるための環境作りを考えてみませんか？

申込〆切 9/6(金)

第2回 9 木 12

コーチ

小泉　浩明
（学習コーチング）

テーマ スコアメーキング＝合格のための過去問活用法【小5・小6対象】

内　容 ６年生の２学期は、志望校の過去の問題を演習して得点力を伸ばす時期です。この過去問演習の実施方法から結果分析や弱点対策まで、塾まかせには出来ない、知っておきたい内容を国語・算数を中心に説明します。「論説文の苦手克服に役立つテーマ一覧」などのデータも公開します。

申込〆切 9/10(火)

第3回 9 木 19

算　数

望月　俊昭
（算数指導&執筆）

テーマ 子ども向け≪図形勉強法マニュアル≫【全学年対象】

内　容 受験生の多くが「数に比べて図形が苦手」というタイプです。普通の（優れた図形感覚の持ち主というわけではない）子どもたちが、「自分で描く」ことが重視されない環境でどのように図形学習を進めていけばよいのか。図形に強くなるための勉強法を、子ども向けにまとめます。

申込〆切 9/17(火)

第4回 9 水 25

国　語

田代　敬貴
（国語指導&執筆）

テーマ 生徒の答案から学ぶ記述答案作成の＜スキル＞【小４～小６対象】

内　容 成績上位の生徒でも、わかりやすく読みやすい、言いかえれば採点者に苦痛を与えない文章を書く生徒はそう多くはいません。では、受験生の書く答案の問題点はどこにあるのか。どうずれば改善されるのか、タイプ別記述問題攻略の＜スキル＞とあわせてお話します。

申込〆切 9/23(月)

第5回 10 水 9

コーチ

佐々木信昭
（佐々木ゼミナール主宰）

テーマ 受験の王道＝志望校過去問徹底演習のプロの全ノウハウ伝授【小6対象】

内　容 入試問題はこの問題が出来れば合格させるという学校のメッセージです。志望校の過去問を徹底的にやり込んで、合格可能性20～40％（偏差値7不足）からの逆転合格を、あと100日で可能にします。20～30年分の分野別小単元別過去問集の作り方、最も効果的な演習法を一挙公開。算数、理科中心。

申込〆切 10/7(月)

第6回 10 木 17

女子学院

金　　廣志
（悠遊塾主宰）

テーマ 女子学院入試攻略法【小６対象】

内　容 女子学院入試に絞った究極の攻略法。受験生の答案例などを参考にして4科の解法を指導します。女子学院必勝をねらう受験生と父母にとっては必見の講座です。

申込〆切 10/15(火)

第7回 10 木 24

理　科

恒成　国雄
（Tサイエンス主宰）

テーマ 各学年がやるべき理科的内容への取り組みについて【小2～小5対象】

内　容 「理科は、もはや暗記科目ではありません！」中学理科入試問題の思考力重視化は毎年顕著になってきています。直前の丸暗記では間に合いません。どの時期にどのようなことをやるべきなのか？具体的な理科の入試問題から、それに対応できる力をつけさせるための学年ごとの理想的な過程を説明していきます。

申込〆切 10/22(火)

第8回 10 木 31

算　数

粟根　秀史
（算数指導&執筆）

テーマ 超難関校対策算数学習法【小5対象】

内　容 首都圏超難関校の算数入試では「高度な解法技術」と「その場での思考力」の両方が試されます。このような力をあと１年で確実に身に着けるにはどうすればよいか、長年に亘る最大手塾最上位クラス指導経験と最新の情報、研究をもとに詳細に説明いたします。

申込〆切 10/29(火)

◇時間：10：00～12：00
◇会場：第1回はアルカディア市ヶ谷私学会館（JR・地下鉄市ヶ谷駅下車徒歩5分）
それ以外は森上教育研究所セミナールーム（JR・地下鉄市ヶ谷駅下車徒歩７分）
◇料金：各回3,000円（税込）※決済を完了された場合はご返金できません。
◇申込方法：7月23日より申込受付開始スキル研究会HP（http://oya-skill.com/）よりお申込下さい。

お電話での申込みはご遠慮下さい

メール・FAXの場合は、①保護者氏名　②お子様の学年　③郵便番号　④住所　⑤電話／FAX番号／メールアドレス　⑥参加希望回　⑦WEB会員に登録済みか否か　を明記の上お申込下さい。折り返し予約確認書をメールかFAXでお送りいたします。尚、２～３日しても連絡がない場合はお手数ですが電話03-3264-1271までお問合せ下さい。申込〆切日16時までにお申込下さい。また、電話での申込はご遠慮下さい。尚、本研究会は塾の関係者の方のご参加をお断りしております。

お問い合わせ　：森上教育研究所　メール：ent@morigami.co.jp　FAX:03-3264-1275

中学受験インフォメーション

本郷が2月1日入試始める

長く2月2日入試を続けてきた**本郷**が、2014年度、来春の入試から2月1日入試も始める。それに伴う入試要項の変更は以下のとおりとなる予定。※第1回・2月1日、募集80名、第2回・2月2日、同120名、第3回・2月5日、同40名。

【訂正】上記、本郷の入試要項変更のニュースを前号（7・8月号）でもお伝えしましたが、前号では第3回・2月5日の募集数を「400名」と誤って表記しておりました。上記のとおり、正しくは「第3回・2月5日、募集40名」です。訂正いたします。

文化学園大学杉並に新コース

文化学園大学杉並は2014年度、「難関進学《グローバル》コース」を新設する。中学では、ネイティブ主導型のオールイングリッシュ・レッスンの実施や、英語での卒業論文を課し、2015年に高校に設ける予定の「インターナショナルコース」（仮称）につなげる（中学にも同時に設置予定）。「インターナショナルコース」は日本とカナダ両方の高校卒業資格が取れるカリキュラムが特徴で、特進コース的な性格も持っている。

ミニ・サンデーショックによる日程変更

2014年は2月2日が日曜日で「ミニ・サンデーショック」の年となる。このための入試日程変更校を以下にまとめる。

・**青山学院**　2月2日を2月3日に移動。合格発表は2月4日（火）10:00〜13:00掲示、ホームページ発表は10:30（予定）、入学手続きは2月5日（水）10:00〜13:00。（※青山学院は1回入試）

・**恵泉女学園**　第2回を2月2日午前から2月2日午後に。2014年度のみの措置で、2015年度は午前に復帰。

・**女子学院**　従来2月2日に行っていた合格発表を2月3日発表に。

・**捜真女学校**　①S試験・2月1日午前の試験時間を国・算各30分→国・算各40分に。②A試験・2月2日午前を2月1日午後に。入試教科も4科→2科に。③B試験・2月4日午前を2月3日午前に。入試教科も4科→2科4科に。④2月3日午後にC試験を2科4科で新設。

・**玉川聖学院**　2月2日午後に行っていた入試を3日午前と午後に。

・**横浜英和女学院**　2月2日午前入試を午後に移す。このほか、2月1日午前に新規に参入し、5日の入試は廃止。

学校情報を1度にゲット！
合同説明会

2013年
9月1日（日）～10月31日（木）

●…男子校　○…女子校
◎…共学校　□…別学校

2013千葉県私学フェア

幕張メッセ国際会議場 10:00～16:00

2013 9/22（日）

参加予定校
千葉県内の全私立中学・高等学校

お問い合わせ
千葉県私立中学高等学校協会　☎043-241-7382

私立中高相談会2013

2013 9/29（祝・月）
横浜会場 パシフィコ横浜・アネックスホール
10:30～16:00

2013 10/6（日）
町田会場 ホテル・ザ・エルシィ町田
10:30～16:00

2013 10/13（日）
小田原会場 川東タウンセンター マロニエ
10:30～16:00

参加予定校
ホームページ等でご確認ください。

お問い合わせ
かながわ民間教育協会 ☎045-364-3319

よこすか私学フェア『かがやき2013』

セントラルホテル 10:30～15:00

2013 10/14（月・祝）

参加予定校
○鎌倉女子大学　○北鎌倉女子学園　○聖和学院
○緑ヶ丘女子　◎山手学院　◎横須賀学院　●横浜　◎横浜隼人
※資料参加校
◎鶴見大学付属　●武相　◎横浜創英

お問い合わせ　各学校

第14回 湘南私学進学相談会

藤沢産業センター 6F・8F 10:00～15:30

2013 10/19（土）

参加予定校
◎アレセイア湘南　●鎌倉学園　○鎌倉女子大学
○北鎌倉女子学園　○聖和学院　◎相洋
●藤嶺学園藤沢　◎日本大学藤沢　◎山手学院

お問い合わせ
湘南私学進学相談会事務局　☎0466-86-0829

2013東京私立中学・高等学校池袋進学相談会

池袋サンシャインシティ 9:30～17:00

2013
10/20（日）

参加予定校
ホームページ等でご確認ください

お問い合わせ
東京都私立中学高等学校協会 ☎03-3263-0543

都立高等学校等合同学校説明会

東京都立晴海総合高等学校

2013
10/27（日）

参加予定校
未定

お問い合わせ
教育庁都立学校教育部高等学校教育課
☎03-5320-6742

都立高等学校等合同学校説明会

東京都立新宿高等学校

2013
11/3（日）

参加予定校
未定

お問い合わせ
教育庁都立学校教育部高等学校教育課
☎03-5320-6742

都立高等学校等合同学校説明会

東京都立立川高等学校

2013
11/10（日）

参加予定校
未定

お問い合わせ
教育庁都立学校教育部高等学校教育課
☎03-5320-6742

※掲載された内容は変更になることがございます。必ず各主催者にお問い合わせのうえ、お出かけください。

おいしく食べて、ママも子どももみんなHAPPYになぁれ♪

忙しいママ必見!

クラスのアイドル弁当

野菜をケチャップで味付けして、とろ〜りやわらか仕上げに！子どもモリモリ♪とろとろ野菜丼弁当☆
電子レンジで作れるおかかブロッコリーはしょうゆ＆削り節で一発味決め！野菜たっぷりカラフルなお弁当。

とろとろ野菜丼弁当

（材料は2人分）

とろとろ野菜丼

豚ひき肉…30g
にんじん…1cm(15g)
チンゲン菜…3枚
なす…1本
しょうが…少々
ねぎ…7cm(20g)
ご飯…110g
「丸鶏がらスープ」…小さじ1/2
Ⓐ
- しょうゆ…小さじ1
- トマトケチャップ…小さじ1
- 砂糖…小さじ2
- 水…カップ1/2

水溶き片栗粉
（水：片栗粉＝2：1）…小さじ1
ごま油…小さじ2

※直径20cmのフッ素樹脂加工のフライパンを使用

おかかブロッコリー

ブロッコリー…6房
「味の素®」75g瓶…8ふり
Ⓑ
- 削り節…2g
- しょうゆ…小さじ1/2

「味の素®
アジパンダ®瓶 75g」

「味の素KK
丸鶏がらスープ」

作り方（調理時間約15分）

①切る

にんじん、なすは小さめの乱切りにする。しょうが、ねぎはみじん切りにする。

ポイント
野菜は子どもが食べやすいように小さめに切ってね！火の通りも早くなるよ！

②小房に分ける

ブロッコリーは小房に分ける。

③レンジ加熱

チンゲン菜は水にサッとさらす。ラップをして電子レンジ（600W）で1分加熱する。水にさらしてアクを抜き、汁気をしぼる。ザク切りにする。

④レンジ加熱・あえる

耐熱容器にブロッコリーを入れ、ラップをして電子レンジ（600W）で1分20秒加熱する。「味の素®」、Ⓑをあえる。

ポイント
削り節を加えると風味がアップ！水分を吸って、汁もれ防止にも！

⑤炒める

フライパンでごま油を熱し、しょうが・ねぎ・ひき肉を炒める。肉の色が変わったら、にんじん・なす・チンゲン菜を炒める。「丸鶏がらスープ」、Ⓐを入れ、野菜に火が通ったら、水溶き片栗粉でとろみをつける。

ポイント
野菜から出る水分は片栗粉でとろみに変えてしまえば、味がしっかり絡んで、食べやすくなるよ！

盛り付けポイント

ご飯をお弁当箱の⅔ほど平らに詰める。残りのスペースにカップを置き、おかかブロッコリーを詰める。ご飯の上にとろとろ野菜炒めをのせる。

画像提供：味の素株式会社

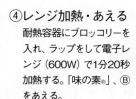

将来の夢

たくさんの動物を助ける獣医さんになりたい。

花マル小学生

倉島《くらしま》 朱莉《あかり》さん

早稲田アカデミー 月島校　小４

とても仲の良いお二人です

つい花マルをあげたくなってしまうほど頑張っている小学生を紹介するコーナーの『花マル小学生』。今回は倉島朱莉さんとお母様にお話をうかがいました。

普段はマイペースな性格だという朱莉さん。通塾するようになってからは、計画的に勉強する習慣が身につき、成績も向上。将来の夢は「**獣医さんになってたくさんの動物を助けること**」だそうです。

「苦手な算数を克服したい」と思ったことが入塾のきっかけ

—早稲田アカデミーに入塾したきっかけと、通い始めた時期を教えてください。

お母様　2年生のときに参加させた早稲田アカデミーの夏期講習会がとてもおもしろかったようで、自分から冬期講習会にも参加したいと言ってきました。その流れで、新3年生の授業が始まる2月に入塾しました。

—得意科目と不得意科目、好きな科目と嫌いな科目を教えてください。

朱莉さん　得意科目は社会で、好きな科目は国語です。算数には少し苦手意識があります。

お母様　かけ算で一度つまずいてしまい、それから苦手意識を持つようになりました。何とか克服できればと、2年生で早稲田アカデミーの夏期講習会に参加させました。

—早稲田アカデミーに通われる前と後で何か変化はありますか。

朱莉さん　入塾したときは算数が全然理解できませんでした。でも、先生が丁寧に教えてくれたので、算数の勉強がとても楽しくなりました。

お母様　決まった時間になると、自分から机の前に座って勉強するようになりました。

—勉強は家のどこでされていますか。

朱莉さん　自分の部屋はありますが、私が部屋にいると弟が入りたがって集中できないので、リビングで勉強しています。

お母様　私は、自分の部屋で勉強した方が良いと思っています。でも、弟がまだ2歳なので、大好きなお姉ちゃんが部屋にこもるとさびしがってしまい、すぐ部屋に入りたがります。リビングで姿が見えると安心するのか、邪魔をしなくなります。今は少しでも集中できればと思い、リビングで勉強させています。

―一週間の過ごし方におけるポイントを教えてください。

お母様　授業内で行われる確認テストと土曜日の※YTテストの解き直しはできるだけ当日中に終わらせ、週単位でわからないところを解消させるようにしています。

―学習面におけるお父様とお母様の役割を教えていただけますか。

お母様　休日は主人が下の子の面倒を見て、私がテストの付き添いや塾の説明会へ行くようにしています。

―ご家族で早稲田アカデミーの話をされますか。

お母様　授業から帰ってくるとすぐに、おもしろかった話や「今日は少し難しかった」など、感想を話してくれます。

しっかりと質問に答えてくれました

YTテストを受けるようになり、問題を解く時間配分が上手くなりました。

―早稲田アカデミーに通って良かったと思うことはありますか。

朱莉さん　勉強の習慣が身につき、ダラダラせず、机に向かうことができるようになりました。

―YT教室を受講されて良かった点を教えてください。

朱莉さん　3年生のとき、わからない問題に時間をかけすぎて、「解くスピードが遅い」と先生によく言われていました。YTテストを受けるようになってからは、残り5分になってから見直しをしたり、できる問題から解くようになりました。

お母様　テスト慣れしてきたのか、自分なりに時間配分を上手くできるようになったようです。

―テストで良い点数を取るコツやテスト前日に必ずしていることは何かありますか。

朱莉さん　確認テストで間違った問題を見直しするなどの復習をしています。

―学習面で独自の決まりごとはありますか。

お母様　夕方は遊びに行かせています。その代わり、夜は見たいテレビがあってもまずは宿題に取り組む。これが我が家の決まりごとですね。

早稲田アカデミーのオリジナル教材
先生からのコメントが励みになります

読書が大好きで自分でも物語を書いています！

―今、一番熱中していることは何ですか。

朱莉さん　友だちと本の交換日記をすることです。ノートには、読んだ本のあらすじや感想などを書いたり、ときどきオリジナルで物語を書きあったりしています。

―独自のヤル気をアップさせる方法はありますか。

朱莉さん　YTテストで上位に入賞して、賞状をもらうことです。第5回の組分けテスト以降は、学校行事で欠席した回を除いて連続してもらえているので、「続けてもらえるように頑張ろう」とヤル気になります。

―お父さんやお母さん、早稲田アカデミーの先生に言われて嬉しかった言葉はありますか。

朱莉さん　成績が良かったとき、先生方に褒めてもらえたり、オリジナル教材にコメントを書いてもらえたときが嬉しかったです。「テストの成績がすごく良かったです。これからも頑張りましょう」とか、成績が悪かったときは「これからもしっかりと授業を受けていけば大丈夫ですよ」とコメントで励ましてもらっています。

将来の夢はたくさんの動物を助ける獣医さん

―将来の夢を教えてください。

朱莉さん　たくさんの動物を助ける獣医さんになりたいです。飼っている犬が病気になったときに助けてもらったことがあり、かっこいいと思ったからです。仲良しの友だちも獣医さんになりたいと言っているので、二人で理想の動物病院を開きたいと思っています。

―朱莉さんにはどのように成長をしてほしいと思いますか。

お母様　焦らずに、これからも自分のペースでコツコツと目標や夢に向かって頑張ってほしいと思います。

※YT教室
四谷大塚が主催するテストで、週ごとに学習した内容の定着度を確認することができる。習熟度によって受験コースが異なり、組分けテストによってコースが判別される。また、コースによって試験会場も異なる。

公開！

倉島朱莉さんの1週間

	月曜日	火曜日	水曜日	木曜日	金曜日	土曜日	日曜日
6：00							
7：00	朝食、支度	朝食、支度	朝食、支度	朝食、支度	朝食、支度		
8：00						朝食	朝食
9：00							勉強
10：00							
11：00	学校	学校	学校	学校	学校		
12：00							
13：00						早稲田アカ自習室で勉強	
14：00						YT教室	
15：00							
16：00			自由時間		自由時間	YTの見直しなど	
17：00	自由時間	自由時間	早稲田アカデミー	自由時間	早稲田アカデミー		
18：00	入浴	スイミング		入浴		入浴	入浴
19：00	夕食	夕食、入浴		夕食		夕食	夕食
20：00	勉強	勉強	入浴	勉強	入浴	勉強	勉強
21：00			勉強		勉強		
22：00							
23：00	就寝	就寝	就寝	就寝	就寝	就寝	就寝
24：00							

ポイント
解き直しは必ずその日のうちに

お母様が語る朱莉さんの学習スタイル

早稲田アカデミーに通い始めてから、しっかりとした学習習慣が身につきました。決められた時間になると、自ら進んで勉強に取り組んでいます。また、間違えた問題の解き直しは、必ずその日のうちにさせるようにしています。早稲田アカデミーの授業がある日は体力的に厳しいときもありますが、継続できるように頑張ってほしいですね。

趣味はバイオリンです

勉強はリビングで行います

誰もが抱える悩みをパパッと解決！

福田貴一先生の福が来るアドバイス

なぜ、中学受験をするのかを考えてみましょう！

早稲田アカデミー
本社運営部長
福田　貴一

低学年から準備を始める傾向が強まってきた中学受験。何となく周りに流されて塾に通い始め、いつの間にか中学受験を目指していた―。もしかすると、そんな子どももいるかもしれません。しかし、中学受験は〝何となく〟〝いつの間にか〟で合格できるほど易しいものではありません。真剣に考えて受験することを決めた方も、「まだ中学年だから…」と思っている方も、一度、「なぜ、中学受験をするのか」について考えてみましょう。

中学受験成功のカギを握る〝小学校3、4年生時代〟

最近の傾向として、難関中学への合格を目指す進学塾では、小学校5、6年生はもちろんのこと、3、4年生の指導にも力を入れています。

その理由は、3、4年生でしっかりとした頭の土台を作っておかなければ、5、6年生で知識のインプット・アウトプットのトレーニングをしても、知識が頭に入らない、うまく取り出せないなどと言った状況に陥り、効率的な受験勉強ができないからです。

そして、これからの時代、大学で求められる力は〝考える力〟〝自ら切り開いていく力〟へと変わっていきます。これらの力を身につけるのも、実は小学校3、4年生の時期なのです。実際、すでに大学が求める力だけでなく、制度そのものが大きく変わろうとしています。そのひとつが、9月入学です。現在はまだ検討中ですが、いくつかの大学で議論が進められているのはご存知の通りです。もしもこれが実現すれば、海外からの学生が数多く入学するようになり、もしかすると授業の標準語は英語になるかもしれません。また、海外の生徒も受験することから倍率が上がり、より高い学力が求められるでしょう。しかも、これからの大学は、知識を身につけることよりも、「どうやって調べるのか」、そして「調べた結果をどのように自分の考えにしていけばいいのか」、というような学び方に変わりつつあります。そうなれば、大学入試も「大学に入ってから学ぶための力をどれぐらい身につけているか」を問うためのものになり、これまでの学習カリキュラムでは対応できない可能性があります。

このように、大学がどんどんと変わっていけば、それまでの道のりにある小学校、中学校、高校時代も当然変わっていきます。だからこそ、大学が求める〝考える力〟〝自ら切り開いていく力〟を3、4年生に身につけさせたい、そんな思いから、進学塾では小学校3、4年生に非常に力を入れているのです。

受験に向けての〝ぶれない軸〟

早稲田アカデミーには志望校別クラス、「NNクラス」というものがあります。そのクラスで勉強しているのは、「○○中学校に行きたい！」と確固たる目標を持った子どもばかりです。当然ながらNNクラスに通う子どもの合格率は高いのですが、これは学校対策を行っているからだけではありません。私たち講師が「どうしても行きたい！」という気持ちを常に高めているからです。その結果、実力、もしくは実力以上の力で合格できるのです。

反対に、入試直前の10月の模試の結果を見て、「○○中学は昨年比の応募者数が増えているから、減っている△△中学にした方がいいかも…」と志望校を途中で変えてしまった場合、結果はどうなるでしょうか。残念ながら、志望校を変更した子どもよりも、当初からその学校を目指していた子どものほうが合格する率は高いようです。これは当然のことで、親が子どもに「志望校を変えた方がいいんじゃない?」と言った瞬間、子どもたちは「自分は無理なんだ」とモチベーションを下げてしまいます。しかも、それを言われるのが、学習密度を高めていかなければならない10月以降です。できれば、動揺をさせないためにも、最後まで〝ぶれない軸〟を持ち続けることが大切です。

なお、この〝ぶれない軸〟は高学年になってから持つものではありません。しっかりと頭の土台を作るためにも、小学校3、4年生のうちに志望校を見つけ、「ここに行きたい」「この中学校に通わせたい」と強く願う〝ぶれない軸〟を持つようにしましょう。

中学受験のメリットとデメリット

中学受験を決意したならば、いくつかのデメリットがあることを覚悟してください。

まず、塾の費用などが必要になります。子どもにとっては、遊ぶ時間が削られるのはもちろんのこと、家庭で過ごす時間も減るでしょう。そして、最も大きなデメリットは、中学校と高校でかかる費用です。公立の場合、義務教育の中学校、さらには高校も無償になる可能性があります。しかし、私学に通えば6年分の学費が必要です。

一方、メリットは何でしょうか。ひとつは、中学校、高校の環境を選ぶことができることです。このように言うと、すぐに大学進学実績だけを考えてしまわれるかもしれませんが、今の中学1年生が大学受験をするのは5年先です。おそらく入試科目や入試問題は今とは変わるでしょうし、もしかすると入試の時期も変わるかもしれません。そう考えると、今の大学進学実績だけで学校を選ぶのはとても危険なように思います。それよりも大切なのは、「中学校、高校の6年間をどんな環境で過ごすのか」ということです。

少なくとも、今の時代、「大学時代をどう過ごし、何を学んだのか」が就職するときに問われる時代になりました。それに自信をもって応えられる大学生活を送るためには、中学校と高校の6年間が大きく影響するのは言うまでもありません。できれば、多くの友だちから刺激を受け、将来的な人脈を築いていきましょう。そして、何かに熱中できる環境があること。そういった環境を自ら選べることが、中学受験をする一番のメリットだと思っています。

では、環境を選ぶとは、具体的にどういうことでしょうか。

大学進学実績に差がある学校を比較した場合、教科書やカリキュラムにそれほど違いはありません。それにもかかわらず実績が違ってくるのは、環境が異なるからです。

根本的な違いは、生徒全員が難関大学と呼ばれる国立や私立の大学を目指しているか否かです。学校の先生も生徒の志望に合わせた授業展開をすることができるので、いろいろなタイプの生徒が通う公立に比べれば、効率が良くなります。つまり、生徒たちの学力や考え方に偏りがないことが私学の一番の魅力なのです。

また、私学の大半が宗教の考え方を背景にしていることもあり、理念、校風、考え方が公立よりも明確です。言い換えれば、私学は〝ぶれない軸〟で子どもたちを6年間育ててくれるのです。たとえば、ある私学の理念が「自調自考（自分で調べて自分で考える）」だとします。実際にこの学校の入試問題やカリキュラムを調べてみると、「自分で考えていくような子どもを選ぶための試験」や「自分で考えられるようなカリキュラム」が用意されていました。当然ながら、この私学で学べば「自調自考」できる子どもになるはずです。

中学校、高校の6年間は、誰もが一度しか経験できません。その6年間を子どもたちの人生のなかで光り輝いていた時期にできるかどうかを決めるのはご両親です。チャンスは1回しかありません。「受験をさせるべきか、させなくてもよいのか」「受験させるならばどんな環境で学ばせたいか」、しっかりとご両親で話し合い、そして親子で考え、悔いのない選択をしてください。

私学特派員レポート vol.43

順天中学校 共学

早稲アカOB

早稲田アカデミー月島校の卒業生で、現在、順天中学校２年の瀬尾隼人君に学校を紹介してもらいました。

順天中学校オリジナルプログラム「スクールステイ」について教えてもらいました。

順天中学校には、中学3年間で30泊以上も新田キャンパスに宿泊する「スクールステイ」というプログラムがあります。洗濯やアイロンがけなど、自分のことは自分で行うので、スクールステイを通じて自立心が養われました。また、先生や友人との共同生活になるので、集団の中で自分の役割を見つけることと、周囲に気を配ることの大切さを学びました。

順天中学校の「思いやり」を育むボランティア活動

順天中学校では、ボランティア活動を1年で3回以上行います。地域の方々と共同して1つのことに取り組むので、相手に配慮しなければ上手くいきません。ボランティア活動を通じて「思いやり」と「連携」の大切さを学びました。

順天中学校
教頭油浅先生
インタビュー

教頭　油浅先生

人格を形成する特色ある教育

福祉教育

たくさんの交流を通して人を知り、課題に気づくことで、豊かな人間性が培われます。

相互理解のできる人間性を育むため、本校では早くから福祉教育を行ってきました。身近な地域における活動から海外のNGOへの協力まで、数多くのボランティアプログラムがあります。中等部では、国際教育と福祉教育の統合学習として地域に根ざした活動を取り入れており、高齢者

瀬尾君に４つの質問！

Q 志望理由を教えてください。

A 学園祭に参加した時、生徒全員が仲良く、協力し合っている様子を見て、学校の明るい雰囲気を肌で感じました。そのことがきっかけで、自分も順天中学校に通いたいと思いました。

Q 入学前と入学後で、順天中学校の印象は変わりましたか。

A 入学前のイメージどおりで、生徒同士の仲が良く、毎日の学校生活が充実しています。また先生方が誰に対しても優しく接してくれ、とても丁寧に勉強を教えていただけます。

Q 入学後、どんなところに自分の成長を感じますか。

A 僕はテニス部で部長を任されています。勉強だけでは習得できない部員をまとめる力、リーダーシップを身につけることができました。

Q 将来の夢を教えてください。

A 順天中学校の先生のように、明るく、教えるのが上手な先生になりたいです。

Campus Life

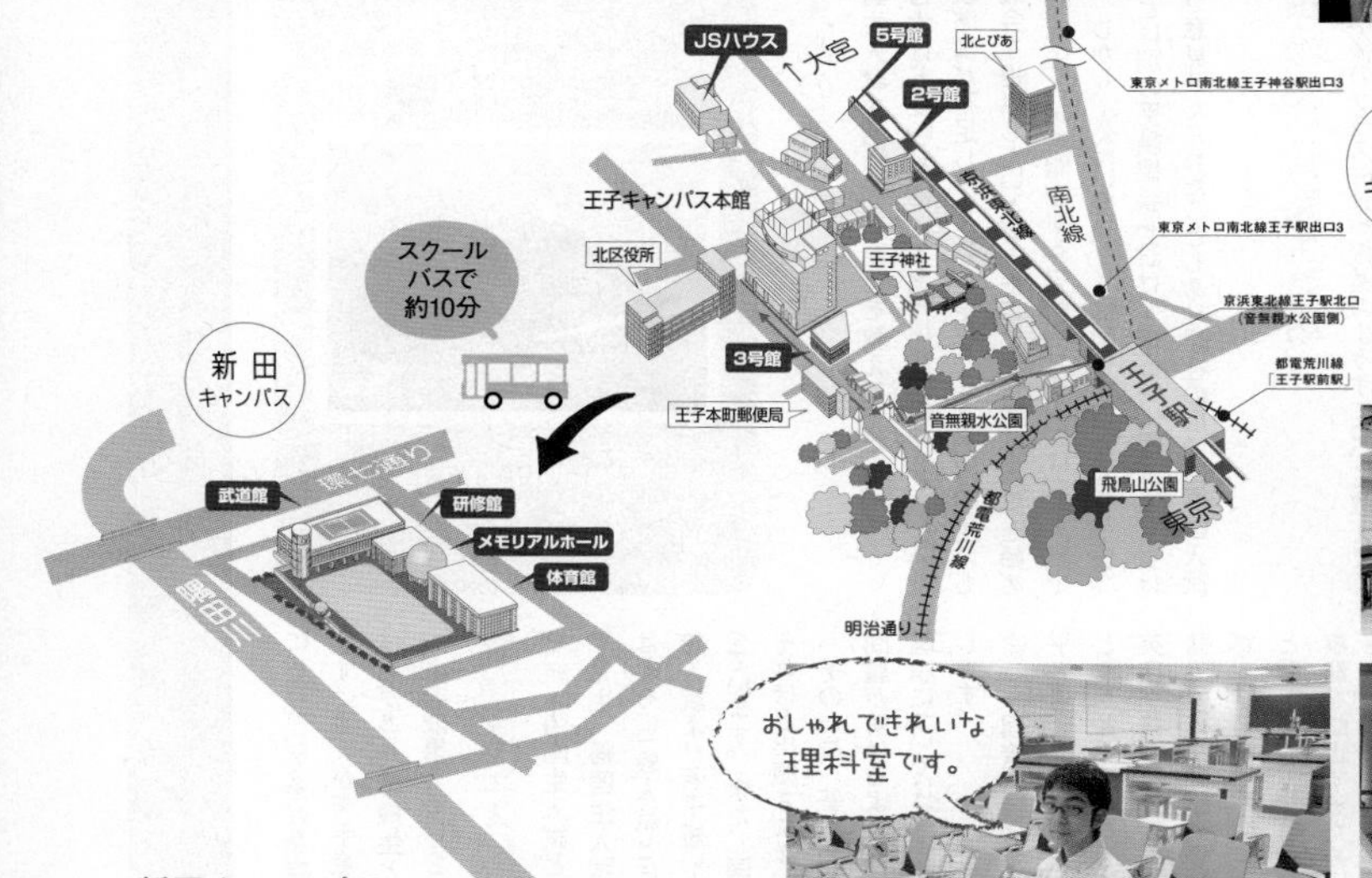

王子キャンパス

1 音無親水公園

王子駅から順天中学校までの道のりには緑が多く、落ち着いた気持ちになります。また、春には桜が咲き、とてもきれいです。

2 JMホール

全校集会などで使用するJMホールはとても眺めが良く、新宿の高層ビルまで見渡せ、生徒の間でもとても人気のあるスポットです。

3 カフェテリア

カフェテリアも人気があります。通常のメニューの他に、お弁当や飲み物も販売されているので、購入してから教室で食べることもあります。

4 図書室・個別学習ブース

3万冊蔵書されている図書室です。文庫本からファッション雑誌まで、幅広いジャンルの本があります。また、吹き抜けの上階には個別学習ブースがあり、集中して勉強に取り組むことができます。

5 談話スペース

先生に勉強を教えてもらったり、友達同士で会話することができるスペースです。僕もよく活用しています。

6 サイエンスルーム（2号館）

2号館の1階にあるサイエンスルームは今年完成したばかりで、とてもきれいです。また、プレゼンテーションスペースがあり、多様な学習の場として活用されています。

新田キャンパス

7 メモリアルホール

特徴的な外観のメモリアルホールです。創立179年になる順天学園の歴史や部活動等の輝かしい足跡が紹介されています。

8 グラウンド

野球部、サッカー部の練習や試合や体育の授業で使用する新田キャンパスのグラウンドです。広い敷地内で思い切り運動できるので、生徒から人気のある場所です。

9 ラウンジ

宿泊施設がある武道館と研修室には、それぞれに広いラウンジがあり、スクールステイ時にはくつろぎの場となっています。

実践しています。

スクールステイ

同級生と寄宿舎で共同生活をするオリジナルプログラム。自主的な学習習慣、規則正しい生活習慣を養います。

「スクールステイ」の滞在時間は学年によって異なりますが、中学3年間で30泊以上。入学後すぐ、5月から実施します。特に中1年次を重要な位置づけとして捉え、約21泊にわたって実施します。生徒は、お互いをお互いの手本としながら、自分の学習スタイルとペースを確立していきます。また、家族と離れ、自分のことは自分でしなければならない生活が、自立心を芽生えさせます。友達や先輩、教師との共同生活が、自主性や協調性、深い友情を育んでいくのです。

SCHOOL DATA

〒114-0022 東京都北区王子本町1-17-13　TEL. 03-3908-2966

王子キャンパス／JR京浜東北線 王子駅（北口・音無親水公園側）

東京メトロ南北線 王子駅（3番口）より徒歩3分

都電荒川線 王子駅前駅より徒歩3分

新田キャンパス／東京メトロ南北線 王子神谷駅（3番口）より徒歩10分

http://www.junten.ed.jp/

生　掲示板

帰国生を積極的に
受け入れている学校紹介など、
帰国後の入試や学習に関する
情報を発信します！

帰国生受入れ校訪問記　桐光学園中学校

今回は神奈川県の男女別学校、桐光学園中学校を紹介します。帰国入試を実施しているだけではなく、入学後の帰国生指導についても生徒・保護者の意見を反映させ、帰国生への補習や英語の取り出し授業など、様々な取り組みを柔軟に行っています。また、国公立大学・難関私立大学への進学を重視し、高校2年次から志望する大学・学部に応じて4つの進学コースを用意しています。帰国生入試に携わっている広報室長の平先生に、桐光学園中学校の帰国生入試や帰国生対応について聞きました。

桐光学園中学校
（神奈川県/私立/別学校）

1978年に設立された神奈川県の進学校です。次世代のリーダー、真の人格者を育成するという教育方針の下、知性・人間性・体力のバランスがとれたさまざまな教育活動を行っています。

〒215-8555
神奈川県川崎市麻生区栗木3-12-1
（小田急多摩線　栗平駅　徒歩12分）
TEL:044-987-0519
URL:http://www.toko.ed.jp/

■帰国生受入れのきっかけ

壹岐　まず、帰国生入試を始めたきっかけを教えてください。

平先生　海外は日本ほど受験勉強をする環境が整備されていないため、帰国生は受験準備が不足しがちになります。そこで帰国生にも配慮した受験の機会を提供したいと考えたことが帰国生入試を始めたきっかけです。帰国生入試を開始する以前から帰国生は一般入試で入学していました。しかし、次第に受験する帰国生が増えてきたため、教員から一般入試とは別の受験機会を設けて積極的に帰国生を受け入れるべきだという意見がだされたこともあり現在の形での帰国入試を開始しました。

■桐光学園中学校の帰国生対応

壹岐　帰国生の入学後のクラス分けや授業のようすについて教えてください。

平先生　毎年20名から30名ほどの帰国生が入学しますが、基本的には一般入試で入学した生徒と同じクラスに入ります。もっとも、帰国入試で英語を選択した生徒の希望者を対象に英語のみ取り出し授業を行っています。

帰国生は社会科など一部の科目では未習分野がある状態で入学する生徒もいるので、それを補う体制を整えています。具体的には、定期テストの結果により、帰国生に限らず、各教科で指名をして補習をしています。補習では、必要に応じて前の学年の範囲まで遡って学習をしたり、ノートの取り方、授業の受け方、試験の見直し、次回への準備の仕方まで指導を行います。

英語については、帰国生入試で英語を選択した生徒の中で希望し、かつ英語力がこの授業を受けるのに十分である生徒について取り出し授業を行っています。授業はネイティブ教師と日本人教師が分担します。ネイティブ教師の授業は、聴く力と話す力を下げないことを主眼にしています。授業の導入的な会話を含め、授業はすべて英語で行われますので、英語力保持に役立っています。これに対して、日本人教師の授業では、特に日本の大学受験英語で必要とされる文法の力や語彙力等に重点を置いた指導を行っています。

帰国生は入学当初は苦手分野があっても、中2、中3と進んでいくにしたがってそれを克服し、5教科の成績のバランスも揃ってきます。本人が苦手意識を持っていても、それを補おうとする気持ちがあれば一般生と一緒に授業を受けた内容に関しては、同等以上の成果をあげることが可能です。

■帰国生入試の難易度

壹岐　帰国生入試と一般入試の違いについて教えてください。

平先生　帰国生入試の算数・国語の問題の難易度や出題形式はともに一般入試とほぼ同じです。一科目あたりの試験時間が一般入試より若干短いため、問題の分量がそれに応じて少なくなっています。また、国語については敬語や文法など一般入試ではそれほど出題されない分野から出題されることがあります。

そのため、基本的には一般入試の過去問を解き、そのレベルの問題が解けるようにすることが対策になります。それに加えて、国語については基本的な文法などについて学習することをお勧めします。

壹岐　面接試験はどのような位置づけでしょうか。

平先生　面接は日本語で行われる授業をきちんと理解できるかどうかということを確認する場という位置づけです。例えば、英語が飛びぬけていて学科試験で合格点を取ったものの、日本語での日常会話や受け答えが授業を受けるのに不十分な受験生が入学したとすると、結局、授業についていけなくなり受験生にとって大変不利益な結果になってしまいます。そのような事態を防止するために実施しています。そのため面接では、氏名・受験番号や志望動機を答えるなど面接の基本的なやり取りができるかどうかを見ています。面接官の質問内容に対して、的確な日本語で答えられることが重要で、口頭試問や英訳を実施することはありません。

■受験生へのメッセージ

壹岐　これから貴校を受験しようとする生徒・保護者に対して、先生から一言お願いします。

平先生　帰国生は受験に際して有利な点もあれば、不利な点もあります。しかし、本校では、有利な点だけでなく不利な点も含めて個性として尊重した教育を行っています。また、本校は留学生も受け入れているため、より多様な価値観に触れられる環境です。海外留学にも柔軟に対応しています。将来的には日本の大学、あるいは海外の大学の双方を視野に入れて、様々な進路を選択できます。生徒・保護者の方のニーズに応えるように柔軟に体制を変化させていますので安心して受験してください。

お話　桐光学園中学校　広報室長　平　良一先生
取材　早稲田アカデミー　教育事業推進部　国際課　壹岐　卓司

帰国生入試情報と合格実績

2014年度　帰国生入試日程・入試結果

募集人数	出願期間	試験日	選考方法	合格発表日	入学手続
〈男子・女子〉若干名	2013年12月2日(月)～12月13日(金)	2014年 1月5日(日)	国語、算数、英語から任意の2科目、面接	2014年 1月6日(月)	2014年 1月6日(月)～9日(木)

年度	募集人数	受験者数		合格者数		入学者数	
		日本人学校	現地校	日本人学校	現地校	日本人学校	現地校
2013	男子若干名	37	47	32	38	－	－
	女子若干名	10	21	7	19	－	－
2012	男子若干名	43	61	32	47	13	11
	女子若干名	17	19	13	15	5	4
2011	男子若干名	41	65	30	47	10	13
	女子若干名	16	15	12	9	6	4

※出願資格などは必ず募集要項や学校のホームページをご確認ください。

2013年度　大学合格実績

国公立大	合格者数	私立大	合格者数
東京大学	6名	早稲田大学	129名
東京工業大学	16名	慶應義塾大学	53名
北海道大学	2名	上智大学	77名
東北大学	5名	明治大学	209名
名古屋大学	2名	青山学院大学	82名

※大学合格実績は全卒業生からのもので、帰国生のみの実績ではありません。

海外の学習体験談や
海外各都市の塾情報など、
海外での学習に役立つような
情報を発信します！

海外生&帰国

海外でがんばる先生 in バンコク

日本と環境が異なる海外への赴任は、不安がつきものです。今回は、海外の地で長年指導を行っている早稲田アカデミー海外提携塾の先生に取材を行いました。教育者の視点・親の視点から、海外生活やお子様の教育に関してお話をいただきました。

前園《まえその》 和《かず》人《と》先生
バンコク学習塾「泰夢」責任者。
東京・香港で併せて約12年の講師経験を経て、約15年半前に、バンコクで語学学校としての英語単科塾を開校。その5年後に現在の学習塾「泰夢」を開校。2児（小学3年生と4歳児）の父でもある。

■世界の各所を旅行するなかで「バンコク」に住みたいという思いが芽生え、塾を立ち上げました。

仏教圏かつ南国であるバンコクに魅かれ、移住を夢見るようになった前園先生。夢を抱いてからは、日本や香港での学習塾勤務と並行し、会話を中心としたタイ語を独学で習得しました。バンコクに渡航した当時は、現地に日本人向けの塾もあまりなく、一講師として勤務するよりも安定して働くためにと、塾をたち上げました。

■どこに行っても生きていけるように、広い視野と大きな夢を持ってほしい―それが生徒たちへの思いです。

「近年日本が震災を、バンコクが洪水を経験したように、今の時代どうなるか分からない。けれども、どこに行っても生きていけるような広い視野を持ち、固定概念にとらわれず先々のことも考えられるようになってほしい」と、前園先生。受験においてもネームバリューにとらわれず、その先に何をしたいのかを考えた学校選びを、生徒たちには指導しているそうです。塾内には高校受験を目指す生徒がメインですが、小学生低学年講座「アルゴクラブ」なども、教育に関心があるご家庭に反響を呼んでいます。泰夢には土地柄さまざまな生徒が通います。両親が日本人またはお母様がタイ人のご家庭、インター校または日本人学校に通う生徒、など。ご家庭の状況によって通塾の目的はもちろん異なりますが、「今まで培ってきた経験を生かしてほしい。大きな夢を持ってほしい」という思いは、どの子どもに対しても共通です。

■子どもには、視野広く考えさせる材料になるよう、近隣諸国を旅させたい―。

現地の方と結婚された前園先生ですが、お子様はやはりお母様の母語であるタイ語を最初に話すようになったそうです。１歳半あたりから日本語の幼稚園に通わせることで、今では２人ともバイリンガルになりました。そしてご家庭のなかでは日本の教育を受けることが前提となり、小学校は日本人学校を選択。お子様がだんだんと成長を重ねている今、先生はお子様の視野を広げるためにも近隣諸国を一緒に旅したいと考えています。自身が旅を重ね、バンコクに出会い、魅せられ、この地で家族を育んでいる前園先生。日本を含む近隣諸国への旅を通じて多くの経験を積ませたいと、今から計画をされているそうです。

バンコクってどんな都市？

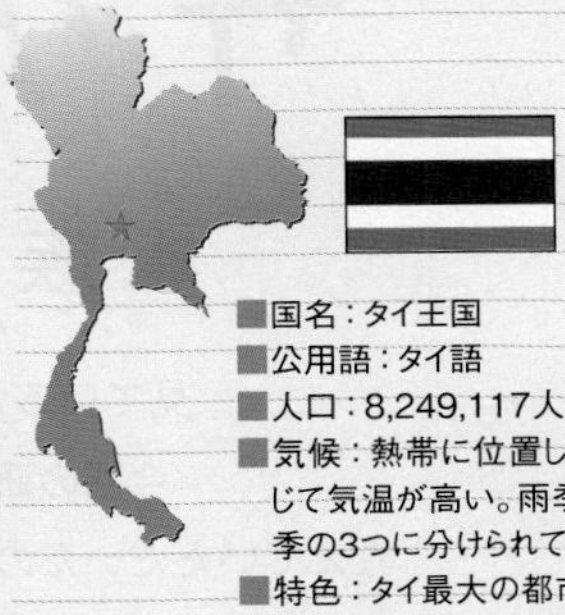

■国名：タイ王国
■公用語：タイ語
■人口：8,249,117人（2010年）
■気候：熱帯に位置し、年間を通じて気温が高い。雨季・乾季・暑季の3つに分けられている。
■特色：タイ最大の都市であり、経済の中心となっている。交通の要所である上に観光資源が豊富で、東南アジア観光の中心地となっている。

【前園先生からのアドバイス】

家、学校、塾通い―。移動はバスを利用することになります。そのため、一日のうち長時間をバスで揺られる生活となり、実際にはあまり現地の方と触れ合う機会はありません。ご家庭の教育方針次第となりますが、せっかく海外に住む以上、現地で多くの経験をさせてあげることにご留意ください。滞在した国の良さを知ることも、大切にしてあげてください。

早稲田アカデミー提携塾紹介

泰夢（Time Educational Network ）

【対象・設置クラス】
●小学部：小３～小６
●中学部：中１～中３
●高校部：現代文／小論文クラス　など

経験と実績、そして熱意ある講師陣が苦手科目から難関校受験指導まで、帰国子女教育に全力を挙げています。

【電　話】+66-(0)2-712-7813
【メール】info@timebangkok.com
【URL】http://www.timebangkok.com/
【住　所】4B Lee House, 275 Thonglor 13, Sukhumvit 55, Klongton Nua, Wattana, Bangkok, 10110
※お問い合わせは直接上記、または早稲田アカデミーホームページまで

サクセス研究所

水族館で暮らす生き物の不思議

見ているだけで幸せな気持ちになれる「ラッコ」や「マンボウ」。
今回の研究テーマは、水族館の人気者たちの生態についてです。
教えていただいたのは、『サンシャイン水族館』の山辺英生さんと先山広輝さんです。

マンボウ

たくさんの卵を生むマンボウ

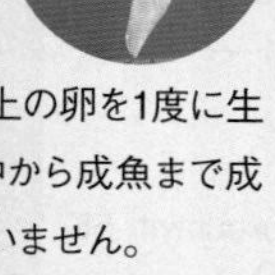

マンボウは多くの卵を生むことで有名です。その数、約3億個。つまり日本の総人口の2倍以上の卵を1度に生むのです。しかし、その中から成魚まで成長できるものは数匹しかいません。

普段のマンボウは、単独で外洋をゆったりと漂うように泳いでいます。しかし、身の危険を感じると、けっこう速いスピードで泳ぐんです。

急には曲がれないマンボウ

マンボウには、他の魚にある「尾びれ」がありません。そのかわりに「舵びれ」というものはあるのですが、骨がないため、うまく方向転換をはかることができないのです。例えるなら、大きな豪華客船のように、急に曲がろうと思ってもすぐには曲がれないのです。そこでサンシャイン水族館では、マンボウが水槽の壁にぶつかって体を傷つけないように、透明なカーテンのようなものを水槽の内側に張っているんです。

マンボウを守る透明なカーテン

山辺 英生さん

ラッコやペンギンなどの海獣飼育を担当しています。生物の解説も展示スタッフが交代で担当させていただいています。見掛けたら声を掛けてくださいね。

先山 広輝さん

クラゲとカクレクマノミの水槽を担当しています。クラゲの水槽はどれも自信作なので、サンシャイン水族館にお越しの際は、ぜひご覧になってください!

ラッコ

減り続けるラッコ

カワイイ顔とお茶目なしぐさが人気のラッコ。しかし、性格はとても神経質なんです。私も長らくラッコの飼育をしていますが、なかなかなついてはくれません。特に注意をしているのが服装。ラッコの水槽に行くときは、毎回同じ服を着るようにしています。ラッコはとても警戒心の強い動物なので、普段かけていないメガネをしていっただけでもものすごく警戒されてしまいます。

そのような性格もあり、ラッコを水族館で繁殖させるのはとても難しいのです。ピーク時には、全国に100頭以上が飼育されていましたが、今では約4分の1以下になってしまいました。

とってもグルメなラッコ

みなさん回転ずしに行ったことはありますか？回転ずしは、高級なネタほどきれいな色皿にのっていますよね。ラッコは、高級なネタが大好きなとってもグルメな動物なんです。中でもアワビやホタテは大好物。手に貝や石を持って、お腹の上に乗せた貝に器用に打ち付けて中身を取り出して食べます。サンシャイン水族館でも1日に数回、ラッコが貝やエビなどを食べるところを公開していますので、ぜひ一度見に来てください。

また、ラッコには食べ物を取っておく習性があります。保管場所は、脇の下にあるポケットです。ラッコの皮膚は驚くほどよく伸びます。だからラッコは、自分の脇の下の皮膚を伸ばして食べ物を保管するのです。

寒い地方でも大丈夫！フサフサ毛並のラッコ

ラッコの生息地はロシアなどの寒い地方です。しかし、ラッコの皮下脂肪はアザラシなどと比べると物凄く少ないんです。そんなラッコが寒さに強いのは、フサフサの毛が体を覆っているからです。ラッコの毛は、ひとつの毛穴から長さが違うものが何本も生えています。その毛をいつもきれいに整えることで、隙間に入った空気が断熱材となり、寒さから体を守ってくれるのです。

また、野生のラッコは、海に浮かんだまま寝ます。潮の流れが激しいところでは、海藻を体に巻きつけ、寝ている間に流されないようにするそうです。

ペンギン

生息地域は南極大陸だけじゃない！

あるガムメーカーのパッケージの影響からか、ペンギンと言えば、南極大陸を思い浮かべる人が多いのではないでしょうか？しかし、南極大陸にすむのは、全18種類いるペンギンの中でコウテイペンギンとアデリーペンギンの2種類だけなんです。サンシャイン水族館で飼育しているケープペンギンは、アフリカ大陸南部に生息しています。

ペンギンの中で一番大きいコウテイペンギンは、全長100㎝位になりますが、ケープペンギンの全長は70㎝程です。

ケープペンギン

夫婦で協力して子育てをするケープペンギン

ケープペンギンの夫婦はとっても仲良しです。卵も夫婦で交代しながら温めます。ケープペンギンのお腹には、羽毛が生えていない「抱卵斑《ほうらんはん》」という場所があります。この部分には毛細血管が集まっていて、他の皮膚よりも温度が高くなっています。この抱卵斑で卵を包み込むようにうつぶせになり、ヒナがかえるのを夫婦で待つのです。

しもやけにならないペンギン

人間の場合、長時間雪などの冷たいものに手足が触れ続けると、しもやけになってしまいます。しもやけは、寒さによって血液の流れが悪くなるために起こります。しかし、寒い地方にすむペンギンは、氷の上を平気な顔をして歩いています。それは、人間とペンギンでは足の構造が違うからです。ペンギンの足には、血管が網目のように張り巡らされています。氷で冷やされた血液が流れる静脈と体から足へ向かう温かい血液が流れる動脈が入り組んでいるので、熱の交換が行われます。そのため、常に足には冷たい血液が、体の中には温かい血液が流れるので、しもやけになることなく、適切な体温を保つことができるのです。

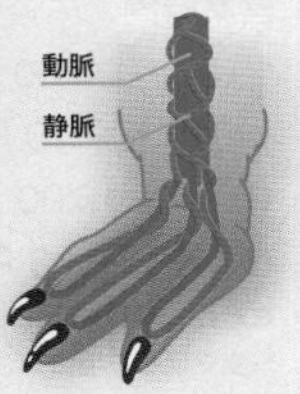

編集長の一押し

アロワナ

熱帯魚に興味がある人なら、一度は飼ってみたいと思うのがアロワナではないでしょうか？私も例にもれず、中学生の頃にブラックアロワナを飼っていたことがあります。

サンシャイン水族館で飼育されているアロワナは、熱帯魚屋さんなどでも見ることができるシルバーアロワナやブラックアロワナではありません。希少価値が高く、他を圧倒する美しさを持つ“アジアアロワナ”です。水面近くを優雅に泳ぐ姿は、まさに熱帯魚の王様。

アジアアロワナ

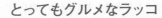

クラゲ

幻想的な「ふわりうむ」

クラゲは自力では泳ぐ力が弱いため、水流がないと沈んでしまうんです。そこで私たちは何度も実験を繰り返し、トンネル型のクラゲ水槽「ふわりうむ」で、今のようにクラゲが水槽の中にまんべんなくいるように水流を調整しました。ライトアップされ、とても幻想的な水槽ですので、ぜひ見に来てください。

コツメカワウソに赤ちゃんが生まれたヨ

4月22日にコツメカワウソが赤ちゃんを生みました。現在は、一般公開され、元気に泳ぎまわったり、遊んでいるカワイイ姿を見ることができます。

アクセス
〈電車〉
池袋駅から徒歩10分
東池袋駅（東京メトロ有楽町線）から徒歩５分
都電荒川線 東池袋四丁目停留所から徒歩６分
〈自動車〉
首都高速５号線 東池袋出口から直結

入場料
大人(高校生以上)　1,800円
こども(小・中学生)　900円
幼児(4才以上)　600円
シニア(65才以上)　1,500円
※障がい者手帳等をご提示の方と同伴の方１名は、一般料金の半額となります。

営業時間
10:00－20:00
(4月1日－10月31日)
10:00－18:00
(11月1日－3月31日)
※最終入場は終了１時間前
※変更になる場合がございます。

サンシャイン水族館
東京都豊島区東池袋3-1
サンシャインシティ
ワールドインポートマートビル屋上
TEL. 03-3989-3466
http://www.sunshinecity.co.jp

サンシャイン水族館のヒミツ

海水は八丈島沖から運んでくる

サンシャイン水族館には、マンボウをはじめ多くの海にすむ生き物が飼育されています。その飼育に欠かすことができない海水はどこから運んで来ると思いますか？「東京湾」「水道の水に塩を入れて作る」どれも違います。実は、八丈島沖から運んで来るんです。

船とトラックを使ってサンシャイン水族館があるビルまで運ばれた海水は、一度地下にある海水貯水槽に貯められます。その後、ポンプを使って地上約60mのところにある高架水槽に移され、10階と11階にある各水槽に入れられるのです。先山さんによると、水質に敏感なサンゴやクマノミの水槽の水を優先的に入れ替えるんだそうです。

サンシャインラグーン

サンシャイン水族館は、建物の上にあるため、大きな水槽を設置することができません。しかし、実際に見てみると大水槽“サンシャインラグーン”などは、とても大きく見えます。そこには、水槽を大きく見せるさまざまな工夫があるのです。一つ目は、照明です。水槽のガラス付近は照明をあてて明るくし、奥に行くにしたがって暗くしていきます。二つ目は、水槽の底の角度です。手前から奥に向けて坂を上がっていくような作りになっています。これらの工夫により、実際よりも奥行きがある水槽に見えるのです。

ぱぱまま掲示板

ここは、子育ての悩み相談や、ママ必見のレシピ紹介、
日々のちょっとした出来事など、
小学生のお子様を持つ、パパ・ママのための
意見交換の場です。
みなさまからの投稿おまちしています!

サクセス12の読者が作る「ぱぱまま掲示板」。
みなさまからいただいた投稿・アンケートをもとにしてお届けいたします。

我が家の休日の過ごし方

とっても楽しそう!

この夏、ターザニアにはまっています。森の中で高いところを移動したり、ウッドチップの中に飛び込んだり、スリリングな冒険気分を味わえます。大人にも子供にもおすすめです。（千葉県・あやっぴーさんより）

編集部より●ワクワクしますね！運動不足な編集部員を誘って行ってみたいと思います。

癒しのスポットへ。

息子は天体に興味があるため、プラネタリウムへ行きます。星空を楽しみ、時には星空を眺めながらのコンサートもあり、親子で楽しめます。（東京都・芝ママさんより）

編集部より●素敵な休日の過ごし方ですね。星空を眺めると気持ちが穏やかになりますね。

親子で自然観察!

我が家は親子そろって遊園地などのテーマパークには興味がなく、自然を見に行ったりすることが多いです。（東京都・とくすけさんより）

編集部より●自然を見るのもいいですよね。私も天気のいい日にお弁当を持って大きな公園に出かけるのが好きです。

丸1日休みがあったら・・・

老後の楽しみ・・・。

今の私にとっては、夢のような話です。もしあったら、外出せず、1日中好きな映画を集中して観たいです。老後の楽しみのひとつです。（東京都・ヤミープリンさんより）

編集部より●主婦は忙しくて、映画なんてゆっくり観る時間もないですよね。本当に夢のような話です。

学生時代に戻って。

学生時代のお友達と、表参道へ行ってお買いものと、おしゃべりをしたいです。時間を気にせず、自由だったころが懐かしいです。（埼玉県・さくらさんより）

編集部より●いいですね。優雅にランチをしたりするのも大切な時間です。

進んで勉強させるために工夫している事

毎日の戦い。

子供の精神状態を見ながら、アメとムチを使い分けています。その日の様子で、「できるはず」と励ますときもあれば、「集中しなさい」と雷を落とすときもあります。毎日が戦いです。（東京都・ゆうたママさんより）

編集部より●きっとそれはお母様にしか分からないタイミングなんですよね。お子様はきっと心強いでしょう。

みんなで一緒に

まずは家族全員で問題に取り組みます。算・理は父親が、国・社・自由研究は母親が解説。進んで勉強させるために、親が進んで勉強をします。（最近は娘が解説することも増えました。）（東京都・ちさかずままさんより）

編集部より●素晴らしい取り組みです！家族みんなでなら、勉強も楽しくはかどりそうですね。解説をすることで理解も深まることでしょう。

簡単 時短レシピ

今夜のメニューにあと1品!

もやしのナムル

〈材料〉

豆もやし…1袋

Ⓐ めんつゆ…大さじ2
　 にんにくチューブ…小さじ1/2
　 ゴマ油…適量

〈作り方〉

①豆もやし（1袋）を水からゆで、沸騰したらざるにあげる

②水気を切り、熱いうちに、Ⓐの調味料をあえる

今月号のテーマ

今月号のテーマは4つ！１枚めくったFAX送信用紙にテーマを記入して、FAXもしくは封書・メールにて送ってください。

投稿募集中

❶ 夏休みの思い出

今年の夏休みは
どんな風に過ごしましたか？
楽しかったこと、苦い思い出などを
聞かせてください。

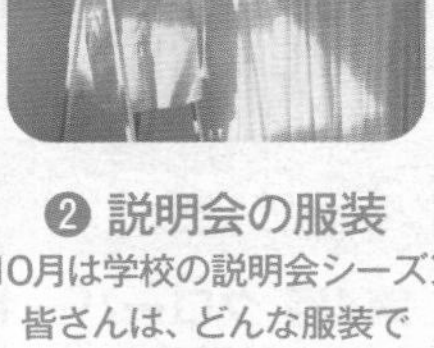

❷ 説明会の服装

9、10月は学校の説明会シーズン。
皆さんは、どんな服装で
出かけますか？
意識するポイントも教えてください。

❸ おすすめの本

読んでみて「これは面白かった！」
という本を紹介してください。
本のタイトルと著者名を
教えてください。

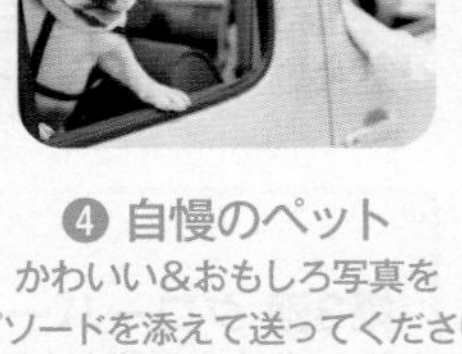

❹ 自慢のペット

かわいい&おもしろ写真を
エピソードを添えて送ってください！
ペットの名前も教えてくださいね。

※写真はメールか封書で送ってください。

クイズに答えてプレゼントをもらっちゃおう!

クイズ

Q1. 琵琶湖の大きさは滋賀県の面積のどれくらいにあたるでしょう?

A：約1/3　B：約1/4　C：約1/6

Q2. 琵琶湖1周は何キロメートル?

A：235km　B：352km　C：523km

Q3. 近畿地方で琵琶湖の水を使って生活している人はどれくらいいるでしょう?

A：1400人　B：1400万人　C：4100万人

ヒントは、14〜15ページの『都道府県アンテナショップ探訪』に隠されています。

● 7・8月号正解／まごころ

プレゼント

正解者の中から抽選で以下の賞品をプレゼント!!

レシピブック入り

A賞　蒸し料理もラクラク!　シリコンスチーマー 1名

電子レンジやオーブンで多彩な料理があっという間にできちゃうシリコンスチーマー。

コンパクトに折りたためるので収納にも場所をとりません。

レシピブックをつけて1名様にプレゼント。

B賞　お家で星空観賞しませんか?　プラネタリウム 2名

お部屋はもちろん、お風呂でも星空を楽しめるミニプラネタリウム。

カラーLEDライトでオリオン座を中心にリアルな星空を体験することができます。

コンパクトでシンプルなデザインも◎。操作も簡単です。

C賞　話題のぶつからない車?!　SUBARUミニカー 5名

運転支援システム、アイサイト搭載のSUBARUのミニカー模型を5名様にプレゼント!

ライトもつく本格派!
※非売品（提供：富士重工業株式会社）

当選者の発表は賞品の発送をもって代えさせていただきます。

応募方法

●FAX送信用紙で

裏面にあるFAX送信用紙に必要事項をご記入のうえ下記FAX番号にお送りください。

FAX：03-3590-3901

●メールで

success12@g-ap.com

NEW

●QRコードで

携帯電話・スマートフォンで右のQRコードを読み取り、メールすることもできます。

●ハガキ・封書で

クイズの回答と希望商品、住所、電話番号、氏名、お通いの塾・校舎などをご記入いただき、下記宛先までお送りください。また、裏面のFAX送信用紙に記載されているアンケートにもお答えください。

今月号のテーマへの投稿、サクセス12への感想もお待ちしています。

宛先／〒171-0014　東京都豊島区池袋2-53-7
早稲田アカデミー本社広告宣伝部
『サクセス12』編集室

【応募〆切】

2013年9月30日（月）

サクセス12　9・10月号　vol.44

編集長
喜多　利文

編集スタッフ
春山　隆志
茂木　美穂
岡　清美
生沼　徹

企画・編集・制作
株式会社 早稲田アカデミー
サクセス12編集室（早稲田アカデミー 内）
〒171-0014 東京都豊島区池袋2-53-7

編集後記

長かった夏休みも終わりを告げようとしています。受験生の皆さんはこれから入試本番を迎えるまでの期間で、思わぬ壁にぶつかったり、思うように学習が進まずに悩むこともあるかとは思います。そんな時は、この夏休みにがんばったことやそこで得られた達成感を思い出してください。そして、自分で掲げた目標を途中で見失うことなく、毎日コツコツと地道に学習を進めていきましょう。前向きな努力を積み重ねていくことこそが、合格へとつながる確固たる道を築き上げるのです。

目が前についているのはなぜだろうか?前へ前へと進むためだ。過ぎたことにくよくよせず、前向きに頑張ろう。

FAX送信用紙

※封書での郵送時にもご使用ください。

クイズの答え

Q1：　　　Q2：　　　Q3：

希望賞品（いずれかを選んで○をしてください）

A賞 ・ B賞 ・ C賞

氏名（保護者様）

（ペンネーム　　　　　　　）

氏名（お子様）

（ペンネーム　　　　　　　）

学年

現在、塾に

通っている ・ 通っていない

通っている場合

塾名

（校舎名　　　　　　　）

住所（〒　　　-　　　）

電話番号

（　　　）

面白かった記事には○を、つまらなかった記事には×をそれぞれ3つずつ（　　）内にいれてください。

（　）02 渋谷再開発物語
～街を変え、人をつなぎ、未来を拓くプロジェクト～
（　）06 Premium school　お茶の水女子大学附属中学校
（　）12 アクティ& おかぽんが
「三菱みなとみらい技術館」に行ってきました！
（　）14 聞いてビックリ知って納得
都道府県アンテナショップ探訪　滋賀県
（　）16 お仕事見聞録
富士重工業株式会社 販売促進担当者
田崎 正名さん
（　）20 6年後、夢をかなえる中学校「夢中」
東京成徳大学中学校
（　）22 Close up!!　湘南白百合学園中学校
（　）30 公立中高一貫校リポートvol.20
神奈川県立平塚中等教育学校
（　）38 Go! Go! 志望校　第13回
横浜雙葉中学校「オープンキャンパス」
（　）40 全員集合 部活に注目！
田園調布学園中等部「ミュージカル研究部」
（　）42 私学の図書館～ただいま貸し出し中～
（　）50 子どもの感性を育てるにはどうすればいいか
（　）54 小学生でもめずらしくない円形脱毛症
（　）56 子どもの本の世界　ふくだ すぐる［絵本作家］
（　）58 インタビュー
NHK「えいごであそぼ」レギュラー、ミュージシャン
エリック
（　）62 保健室より　親と子の悩み相談コーナー
（　）64 レッツ何でもトライ⑩ お金の大切さを学ぼう！
（　）68 大人も子どもも本からマナブ
（　）74 森上展安の中学受験WATCHING
（　）80 NEWS2013「参議院議員選挙」
（　）84 熟語パズル・問題
（　）90 親子でやってみよう！ 科学マジック
（　）94 学ナビ！　女子聖学院中学校
（　）95 学ナビ！　森村学園中等部
（　）100 疑問がスッキリ！ 教えて中学受験
（　）106 熟語パズル・解答
（　）110 私立中学校の入試問題に挑戦
（　）112 中学受験用語辞典
（　）117 中学受験インフォメーション
（　）118 中学校イベントスケジュール
（　）121 忙しいママ必見！クラスのアイドル弁当
（　）122 花マル小学生
（　）124 福田貴一先生の福が来るアドバイス
（　）126 早稲アカOB私学特派員レポート
順天中学校
（　）128 海外生・帰国生に関する教育情報
（　）130 サクセス研究所
（　）134 ぱぱまま掲示板
（　）135 クイズ・プレゼントコーナー

募集中

テーマ（　　　　　　　） 134 ページよりお選びください。

FAX.03-3590-3901

FAX番号をお間違えのないようお確かめください

サクセス12の感想

中学受験　サクセス12　9・10月号2013
発行／2013年8月31日 初版第一刷発行　発行所／(株)グローバル教育出版 〒101-0047 東京都千代田区内神田2-4-2　編集／サクセス編集室 電話03-5939-7928 FAX03-5939-6014